Teoria e Prática

Processos Circulares
de construção de paz

Série Da Reflexão à Ação

Kay Pranis

Teoria e Prática
Processos Circulares
de construção de paz

Tradução de:
Tônia Van Acker

 Palas Athena

Título original: The Little Book of Circle Processes: a new/old approach to peacemaking
Copyright @ 2010

Grafia segundo o Acordo Ortográfico da Língua Portuguesa de 1990,
que entrou em vigor no Brasil em 2009.

Coordenação editorial: Lia Diskin
Capa e projeto gráfico: Vera Rosenthal
Produção e Diagramação: Tony Rodrigues
Revisão: Júlio Bierrenbach

Dados Internacionais de Catalogação na Publicação (CIP)
(Câmara Brasileira do Livro, SP, Brasil)

Pranis, Kay
    Processos Circulares de construção de paz / Kay Pranis ; tradução de Tônia Van Acker. - São Paulo : Palas Athena, 2010.

Título original: "The little book of circle processes: a new/old approach to peacemaking"

1. Administração de conflitos 2. Círculos - Práticas restaurativas 3. Círculos restaurativos 4. Mediação 5. Solução de problemas I. Título.

10-10308   CDD-303.69

Índices para catálogo sistemático:
1. Conflitos : Mediação : Sociologia 303.69
2. Mediação de conflitos : Sociologia 303.69

6ª edição – julho de 2025
Todos os direitos reservados e protegidos
pela Lei 9610 de 19 de fevereiro de 1998.
É proibida a reprodução total ou parcial, por quaisquer meios,
sem a autorização prévia, por escrito, da Editora.

Direitos adquiridos para a língua portuguesa por Palas Athena Editora
Fone (11) 3266-6188
www.palasathena.org.br
editora@palasathena.org.br

Conteúdo

Prefácio de Celia Passos 9

1. Introdução 15
   A renovação de tradições ancestrais 15
   Sobre este livro 19
   Contexto histórico 20
   Visão geral dos Círculos 20

2. Círculos na prática 25
   Como funciona um Círculo de Construção de Paz? 25
   Tipos de Círculo de Construção de Paz 28
   Círculo de Construção de Paz e suas aplicações 31

3. Estudo de caso –
   Virando a página depois de uma greve 33

4. Fundamentos dos círculos 39
   Valores 39
   Sabedoria ancestral 41
   O Processo Circular como praticado
   em comunidades de fé 45

5. ESTUDO DE CASO –
   CHEGANDO AO ENTENDIMENTO NA SALA DE AULA .. 47

6. ELEMENTOS-CHAVE DOS CÍRCULOS 49
   Elementos estruturais 49
   A importância de contar histórias 55
   Foco nos relacionamentos 57
   Estágios dos Processos Circulares 61

7. ESTUDO DE CASO –
   RESTABELECIMENTO DEPOIS DE UM CRIME VIOLENTO 65

8. ORGANIZANDO UM CÍRCULO DE DIÁLOGO 69
   1º Estágio – Adequação 70
   2º Estágio – Preparação 71
   3º Estágio – Encontro 72
   4º Estágio – Acompanhamento 75

9. ESTUDO DE CASO –
   BUSCANDO RESPEITO ENTRE GERAÇÕES 77

10. OS CÍRCULOS EM PERSPECTIVA 81
    O efeito de construção do senso comunitário 81
    Em que o Círculo difere de outros
    processos similares? 82
    Desafios 84

11. ESTUDO DE CASO –
    ENCONTRANDO CONEXÃO DENTRO DA FAMÍLIA 89

12. CONCLUSÃO 91

Anexo 1: O processo do Círculo nas escolas 95
Notas 99

Prefácio

Kay Pranis apresenta, nesta obra, uma visão dos Processos Circulares, sua filosofia, a natureza do processo e aplicabilidade dos diversos tipos de Círculo, nos diferentes contextos e com distintos propósitos. Oferece um roteiro para organizar Círculos, indicando as perspectivas, impactos e desafios a serem vencidos. Ao intercalar o tema com as histórias de alguns Círculos em que atuou e os resultados alcançados, Kay dá concretude ao tema que trabalha. Articula, com maestria, as bases e fundamentos teóricos com as narrativas e roteiro para a aplicação prática e, com isso, transmite de forma simples e objetiva sua vasta experiência, acumulada ao longo de anos, atuando como facilitadora de Círculos e participando de seminários e capacitações nos Estados Unidos e em outros países, dentre os quais Canadá, Austrália e Japão.

Os Processos Circulares apresentados por Kay são alicerçados na forma de diálogo e rituais de aborígenes e em culturas ancestrais sem que sua obra derive de uma tradição aborígene específica ou se inspire apenas em recursos das antigas tradições. Ao longo do tempo os Processos Circulares passaram por adaptações, agregando, além dessas primeiras fontes de inspiração, princípios e práticas contemporâneos inseridos nos métodos para transformação dos conflitos, nas práticas restaurativas, na comunicação não violenta, na escuta qualificada e na construção de consenso, para o alcance de soluções que expressam as necessidades individuais e, ao mesmo tempo, as do grupo.

Conhecer o trabalho da Kay Pranis me estimulou a aprofundar os estudos sobre Círculos e a buscar conhecê-la pessoalmente. Participei de dois cursos ministrados por ela. O primeiro, *Implementing Restorative Justice Circle Processes in Schools and Community* e o segundo, *An Overview of Restorative Justice and Peacemaking Circles – A Training for Schools, Community, and Justice Organizations* – ambos promovidos pelo *Global Issues Resource Center, Cuyahoga Community College, The Supreme Court of Ohio, and Ohio Resource Network,* em Cleveland, Ohio, Estados Unidos. A experiência foi indescritível. Kay é daquelas pessoas cujo encontro produz uma conexão profunda, estimula e encoraja mudanças pessoais significativas que promovem alterações no entorno. Prefaciar a edição brasileira de uma obra de Kay é antes de tudo um motivo de orgulho.

Os Círculos combinam de forma harmônica o antigo e o novo. Para algumas culturas os Círculos são considerados espaços sagrados. E de fato são. Evocam o melhor das pessoas. Conduzem ao reaprendizado da convivência e ensinam, na prática, a lidar com as diferenças. Ressurgem como uma alternativa de comunicação ao modelo de reunião contemporâneo, hierarquizado, que reflete posicionamentos competitivos e expressa a cultura de dominação em que vivemos, onde o poder e o controle estão quase sempre presentes e servem como estímulos constantes para os conflitos e a violência nas mais variadas formas.

Assim, muito além de uma representação geográfica, os Círculos são uma forma de estabelecer uma conexão profunda entre as pessoas, explorar as diferenças ao invés de exterminá-las e ofertar a todos igual e voluntária oportunidade de participar, falar e ser ouvido pelos demais sem interrupção. Além disso, na hipótese de estar envolvida uma tomada de decisão, os Círculos oferecem a construção do consenso.

A forma geométrica representada pela organização das pessoas, simboliza os princípios fundamentais de liderança compartilhada: igualdade, conexão e inclusão, e proporciona foco, comprometimento e participação de todos em ambiente seguro e respeitoso.

No Brasil, assim como em outros países, os Círculos vêm sendo identificados como ferramentas de suma importância para as práticas restaurativas, com aplicabilidade em inúmeras áreas, por promoverem o encontro de seres humanos em sua essência e na mais profunda expressão da verdade. O ritual do Círculo ajuda a unir as pessoas tornando-se um instrumento eficiente para a promoção da Cultura da Paz. Seus resultados são surpreendentes em escolas, onde cria um clima positivo em sala de aula ou no recreio, resolve problemas de comportamento, conflitos e estimula reflexões e troca de experiências. A experiência tem demonstrado que os jovens respondem muito bem quando são convidados ou quando aceitam o convite para participar de um Círculo. Ali aprendem a agir de acordo com os valores vivenciados.

O relato de uma situação de violência escolar comprova esta afirmativa. Uma jovem, autora de uma agressão a uma colega de escola, pede à diretora para instalar um Círculo Restaurativo. Foram adotadas as providências iniciais (Pré-Círculo) e, uma vez aceitos os convites, o Círculo foi instalado. Participaram a professora da turma, a adolescente que o solicitou, a que aceitou o convite (receptora da agressão), as respectivas mães e um pequeno grupo de amigos mais próximos de ambas, além da facilitadora. Todos puderam se expressar utilizando o bastão de fala *(talking peace)*, um dos elementos-chave do Círculo. A jovem agredida foi a primeira a falar sobre a humilhação que sentiu. Entretanto, o momento mais forte do Círculo ocorreu quando a mãe da menina autora do ato agressivo relatou suas dificuldades com a recente separação do marido, o sofrimento pelo qual passavam e seu reconhecimento da falta de habilidade para lidar com a filha em um momento no qual ela mesma mal podia suportar seu próprio sofrimento. Afirmou que sabia que a filha vinha desenvolvendo um comportamento inadequado, diante do qual se sentia impotente. O relato, de forma tão sincera e emocionada, produziu no grupo forte solidariedade. A jovem autora da agressão, por sua vez, assumiu a responsabilidade pelo que fez e se colocou de forma muito verdadeira. Narrou sua história a partir da separação dos pais. Relatou o quanto se sentia perdida e cheia de incertezas e como encontrou no comportamento agressivo um modo de sentir-se forte e poderosa. Todos tiveram a oportunidade de se expressar de forma respeitosa sobre seus sentimentos e foram ouvidos com muita atenção. As várias rodadas do bastão de fala possibilitaram a compreensão mútua, a assunção de responsabilidades e a construção de um acordo com base nas necessidades de todos os envolvidos. Ao final, no acordo construído, ficou acertado que a jovem autora da agressão permaneceria na escola após o horário de aula, dois dias por semana, durante dois meses para estudar e, eventualmente, auxiliar outras crianças mais novas que apresentassem dificuldades no aprendizado, sempre sob a orientação de uma professora. Passado algum tempo, durante o acompanhamento do acordo (pós-círculo), as meninas relataram o quanto gostaram de participar do Círculo e como foi útil para elas. Afirmaram que não se conheciam bem antes, mas que ambas agora estavam permanecendo na escola para estudar juntas e melhorar as notas. Muitas vezes ao realizar o acompanhamento, percebemos que o processo ultrapassa as formalidades inerentes ao Círculo e os efeitos se ampliam.

Também nos locais de trabalho, em comunidades e vizinhanças, os Círculos têm servido para gerar empatia, comprometimento, criar vínculos e estabelecer limites, promovendo a convivência harmoniosa entre pessoas. São ferramentas igualmente poderosas. O Círculo de Conversa por vezes é bastante simples e promove grandes mudanças. É um espaço para contar histórias, compartilhar e, também, para construir novas narrativas. O resultado quase sempre é a redução dos conflitos e um forte sentimento de unidade.

No âmbito do Judiciário, os Círculos Restaurativos têm possibilitado a resolução de litígios de diversas naturezas, inclusive nas esferas familiar e penal, cuja carga emocional é muito grande. Promovem a melhora qualitativa das relações interpessoais e a solução de controvérsias de forma consciente e comprometida. No Círculo é possível acolher os sentimentos e necessidades de todos. É um espaço para as pessoas diretamente envolvidas nos conflitos e também para suas redes de pertinência, ou rede primária. Em regra, os Círculos Restaurativos superam outras ferramentas mediativas para transformação de conflitos. Quando participam dos encontros, tais redes primárias o fazem com o objetivo de dar suporte às partes, sem que sejam construídos espaços para suas demandas pessoais.

Os Círculos ganham matizes e dinâmicas específicas de acordo com sua motivação e o propósito ao qual se destinam, envolvendo maior ou menor complexidade. Há os Círculos de Conversa, de Celebração, de Resolução de Conflitos, de Reintegração, Apoio, Sentença, Recuperação, Compreensão, Comunitários, de Aprendizagem Compartilhada, entre tantos outros.

A obra de Kay Pranis é tão encantadora quanto necessária para esse conturbado momento de nossa existência. Somos testemunhas dos danos decorrentes de nossa desconexão, e também do poder de cura que a conexão tem, quando se faz sentir. Os Círculos são espaços de encontro. Precisamos, mais do que nunca, encontrar maneiras de compreender e respeitar nossas diferenças e reconhecer a valiosa contribuição de cada pessoa, para criar um espaço comum qualitativamente diferenciado.

Cabe um alerta. Entrar em contato com a verdade compartilhada, estabelecer um compromisso com a não violência, reconhecer a interdependência que rege a vida e nos une incondicionalmente, restabelecer a confiança mútua – são um ideal e também um desafio. Mas esse compromisso é tão necessário como o ar que respiramos. Vale aceitar o convite.

Celia Passos
Diretora Fundadora do ISA – ADRS

Introdução

"Precisamos, todos, aprender a de fato não ter inimigos, mas apenas adversários confusos, que são nós mesmos disfarçados."
Alice Walker [1]

A RENOVAÇÃO DE TRADIÇÕES ANCESTRAIS

Nossos ancestrais se reuniam num círculo em torno do fogo. As famílias se reuniram em volta da mesa da cozinha durante séculos. Hoje a Comunidade está aprendendo a se reunir em círculo para resolver problemas, apoiar uns aos outros, e estabelecer vínculos mútuos.

Uma nova forma de congregar as pessoas, chegar ao entendimento mútuo, fortalecer relacionamentos e resolver problemas grupais está florescendo nas comunidades do Ocidente. Mas essa nova metodologia é muito antiga. Ela se inspira, por exemplo, na antiga tradição dos índios norte-americanos de usar um objeto chamado bastão de fala, que passa de pessoa para pessoa dentro do grupo, e que confere a seu detentor o direito de falar enquanto os outros ouvem. Essa antiga tradição se mescla aos conceitos contemporâneos de democracia e inclusão, próprios de uma complexa sociedade multicultural.

Os Círculos de Construção de Paz estão sendo usados em variados contextos. Dentro dos bairros eles oferecem apoio para aqueles que sofreram em virtude de um crime – e ajudam a estabelecer a sentença daqueles que o cometeram. Nas escolas, criam um ambiente positivo na sala de aula e resolvem problemas de comportamento. No local de trabalho, ajudam a tratar de conflitos. No âmbito da assistência social, desenvolvem sistemas de apoio mais orgânicos, capazes de ajudar pessoas que estão lutando para reconstruir suas vidas.

> Os Círculos estão sendo usados em bairros, escolas, locais de trabalho, centros de assistência social e no sistema judiciário.

O processo do Círculo é um processo que se realiza através do contar histórias. Cada pessoa tem uma história, e cada história oferece uma lição. No Círculo as pessoas se aproximam das vidas umas das outras através da partilha de histórias significativas para elas. Como sugerem as três ilustrações a seguir, as histórias unem as pessoas pela sua humanidade comum e as ajudam a apreciar a profundidade e beleza da experiência humana.

• • •

Um menininho da primeira série chega esbaforido para a funcionária que supervisiona o recreio, exclamando: "Dona Teresa, Dona Teresa! Preciso de um bastão de fala!" Dona Teresa põe a mão no bolso e tira um pequeno dinossauro de plástico, oferecendo-o à criança. Ele agarra o dinossauro e sai correndo para reencontrar um grupo de alunos que, minutos antes, estavam discutindo. Com a ajuda do bastão de fala, os pequenos discutem suas diferenças e encontram uma solução com a qual todos concordam.

Introdução

Em Minnesota, legisladores, analistas de políticas públicas, administradores governamentais e agentes da vara da infância e adolescência estão sentados com adolescentes infratores a fim de discutir a política estatal para menores infratores naquele estado. Quando o bastão de fala vai passando em volta da mesa, cada pessoa tem igual oportunidade de ouvir e expor sua perspectiva. Todos escutam atentamente a pessoa que está falando. Depois de escutar e discutir cuidadosamente, cada mesa chega a uma posição de consenso no tocante ao item em discussão.

• • •

Num bairro de uma pequena cidade do interior, um adolescente e sua mãe integram um Círculo junto com cerca de uma dúzia de membros da comunidade e profissionais do judiciário, incluindo um promotor e um advogado de defesa fornecido pelo estado. O grupo se levanta e dá as mãos como mostra de gratidão pela oportunidade de reunirem-se como comunidade para oferecer apoio a esse adolescente e sua família. O bastão de fala vai passando e as pessoas se apresentam. Cada um dá boas-vindas ao jovem e sua mãe.

Na segunda volta do bastão os participantes do Círculo perguntam ao jovem sobre seu progresso na escola, seu comportamento em casa e seus interesses. Dois membros do Círculo visitaram sua escola e se oferecem para ajudá-lo a recuperar-se nas matérias acadêmicas. A mãe do jovem expressa sua preocupação, pois acha que ele está saindo de casa sem o consentimento dela. Fala ainda de seus temores sobre o que pode acontecer quando ele está na rua à noite.

À medida que o bastão vai circulando entre os presentes, eles partilham os medos e ansiedades de sua própria adolescência. No diálogo com o jovem, expressam seu interesse e cuidado, mas também suas expectativas em relação a frequência na escola, lições de casa, e permissão da mãe para sair de casa.

Tanto o jovem como a mãe reagem calorosamente às manifestações de apoio e preocupação do Círculo. Ambos conseguem ouvir um ao outro melhor através do uso do bastão de fala, e saem com uma compreensão mais clara das preocupações e frustrações do outro.

O jovem promete que irá respeitar o acordo, e o grupo marca um próximo encontro circular para verificar seu progresso. O grupo se levanta e dá as mãos para celebrar o fechamento de um trabalho produtivo.

• • •

Círculos de Construção de Paz como estes, antes descritos, reúnem pessoas que se tratam como iguais e mantêm trocas honestas sobre questões difíceis e experiências dolorosas, num ambiente de respeito e atenção amorosa para com todos. Esses Círculos estão sendo realizados em contextos cada vez mais variados, oferecendo espaços onde pessoas com visões muito divergentes podem se reunir para falar francamente sobre conflito, dor e raiva, e sair se sentindo bem em relação a si mesmas e aos outros.

> A filosofia dos Círculos reconhece que todos precisam ajuda e que, ajudando os outros, estamos ao mesmo tempo, ajudando a nós mesmos.

A filosofia subjacente aos Círculos reconhece que todos precisam de ajuda e que, ajudando os outros, estamos ao mesmo tempo, ajudando a nós mesmos. Os participantes do Círculo se beneficiam da sabedoria coletiva de todos. Seus integrantes não estão divididos em provedores e recebedores. Os Círculos recebem o aporte da experiência de vida e sabedoria do conjunto de participantes, gerando assim uma nova compreensão do problema e possibilidades inéditas de solução.

Os Círculos de Construção de Paz reúnem a antiga sabedoria comunitária e o valor contemporâneo do respeito pelos dons, necessidades e diferenças individuais num processo que:

- Respeita a presença e dignidade de cada participante;
- Valoriza as contribuições de todos os participantes;
- Salienta a conexão entre todas as coisas;
- Oferece apoio para a expressão emocional e espiritual;
- Dá voz igual para todos.

SOBRE ESTE LIVRO

A presente obra é uma visão geral dos Círculos de Construção de Paz e foi concebida para familiarizar os leitores com a natureza do processo, a filosofia que o embasa e os modos de aplicação dos Círculos. Não se trata de uma descrição detalhada do processo nem de uma explicação sobre como conduzir os Círculos.

Descreveremos como conduzir um Círculo de Diálogo simples mas tal explicação não constitui preparação suficiente para liderar Círculos mais complexos. Para ser facilitador de um Círculo é preciso muito mais do que arrumar as cadeiras em roda. Recomenda-se que os facilitadores passem por um treinamento antes de conduzirem um Círculo envolvendo circunstâncias de conflito, emoções fortes, ou situações de vitimização.[2]

CONTEXTO HISTÓRICO

Os Círculos de Construção de Paz descendem diretamente dos tradicionais Círculos de Diálogo comuns aos povos indígenas da América do Norte. Reunir-se numa roda para discutir questões comunitárias importantes é algo que faz parte das raízes tribais da maioria dos povos. Essas práticas ainda são cultivadas entre povos indígenas do mundo todo e temos em relação a eles uma imensa dívida de gratidão, pois mantiveram vivas práticas que vieram a ser fonte de sabedoria e inspiração para as nossas culturas ocidentais modernas.

Por mais de 30 anos, na sociedade contemporânea em geral, longe dos olhares da maioria, os Círculos vêm sendo praticados em pequenos grupos de pessoas não indígenas. Em especial grupos de mulheres vêm utilizando amplamente os Processos Circulares formais principalmente no contexto de partilha de experiências pessoais dentro de uma comunidade de apoio. Alguns indivíduos levaram a experiência dos Círculos Pessoais para contextos públicos, mas o esforço sistemático para utilizá-los em processos públicos contemporâneos, como na justiça criminal, é algo relativamente novo e partiu do trabalho iniciado em Yukon, Canadá, no início da década de 1990.

Visão Geral dos Círculos

Um Círculo de Construção de Paz é uma forma de reunir as pessoas de modo que:

- Todos sejam respeitados;
- Todos tenham igual oportunidade de falar sem serem interrompidos;
- Os participantes se expliquem contando sua história;
- Todos são iguais. Ninguém é mais importante que o outro;
- Aspectos emocionais e espirituais da experiência individual são acolhidos.

Os Círculos de Construção de Paz são úteis quando duas ou mais pessoas:

- Precisam tomar decisões conjuntas;
- Discordam;
- Precisam tratar de uma experiência que resultou em danos para alguém;

- Querem trabalhar em conjunto como uma equipe;
- Desejam celebrar;
- Querem partilhar dificuldades
- Desejam aprender uns com os outros.

O Círculo de Construção de Paz é forte o suficiente para conter:

- Raiva
- Frustração
- Alegria
- Dor
- Verdade
- Conflito
- Visões de mundo diferentes
- Sentimentos fortes
- Silêncio
- Paradoxos

Este livro é sobre processos em Círculo originados no contexto público, ou seja, Círculos utilizados mais no contexto de construção do senso comunitário do que o de desenvolvimento pessoal, muito embora todos os Círculos eficazes acabem levando ao engajamento pessoal dos envolvidos, ligando-os de modo profundo e pessoal e, portanto, contribuindo para seu desenvolvimento pessoal. Nos Estados Unidos os Círculos de Construção de Paz foram introduzidos com a filosofia da Justiça Restaurativa, que inclui todos os envolvidos (as vítimas de um crime, os perpetradores, e a comunidade) num processo de compreensão dos danos e criação de estratégias para reparação dos mesmos.[3]

O processo em Círculo de Construção de Paz começou nos Estados Unidos dentro do escopo da justiça criminal do estado de Minnesota. Oferecia-se um caminho para incluir as vítimas de um crime, seus perpetradores e a comunidade numa parceria com o poder judiciário, a fim de determinar a reação mais eficaz a um crime para promover o bem-estar e a segurança de todos. Os objetivos do Círculo incluem: desenvolver um sistema de apoio àqueles vitimados pelo crime, decidir a sentença a ser cumprida pelos ofensores, ajudá-los a cumprir as obrigações determinadas e fortalecer a comunidade a fim de evitar crimes futuros.

> Processos circulares estão presentes na maioria das tradições.

Hoje, comunidades rurais, suburbanas e urbanas estão utilizando o processo em casos de crime envolvendo adultos e adolescentes. Os Círculos acontecem em uma ampla gama cultural de comunidades, incluindo afro-descendentes, euro-americanas, asiáticas, latinas, cambojanas e de índios norte-americanos.

Embora os Círculos tenham começado no contexto das varas criminais e das audiências de sentenciamento, os oficiais de condicional encontraram novas aplicações para essa abordagem dentro do sistema judiciário. Profissionais inovadores começaram a usar os Círculos para facilitar a integração de egressos da prisão, e também para aumentar a eficácia da supervisão comunitária sobre as pessoas em liberdade condicional.

Os Círculos em Minnesota surgiram no contexto da justiça criminal mas logo começaram a ser utilizados em outros contextos. Voluntários que trabalhavam nos círculos restaurativos logo viram que o processo seria útil em muitas situações não relacionadas ao crime, e levaram os Círculos para as escolas, locais de trabalho, assistência social, igrejas, associações de bairro e famílias.

A disseminação dos Círculos de Construção de Paz foi espontânea e orgânica e as sementes se espalharam de um lugar para o outro muito mais pelo interesse e compromisso individual das pessoas do que devido a planejamento estratégico e implementação organizada.

Círculos na Prática

"Estou impressionado com a brandura do Círculo.
Os resultados são atingidos de um jeito tão suave..."
Participante de Círculo realizado numa escola alternativa

COMO FUNCIONA UM CÍRCULO DE CONSTRUÇÃO DE PAZ?

Os Círculos se valem de uma estrutura para criar possibilidades de liberdade: liberdade para expressar a verdade pessoal, para deixar de lado as máscaras e defesas, para estar presente como um ser humano inteiro, para revelar nossas aspirações mais profundas, para conseguir reconhecer erros e temores e para agir segundo nossos valores mais fundamentais.

Os participantes se sentam nas cadeiras dispostas em roda, sem mesa no centro. Às vezes se coloca no centro algum objeto que tenha significado especial para o grupo, como inspiração, algo que evoque nos participantes valores e bases comuns. O formato espacial do círculo simboliza liderança partilhada, igualdade, conexão e inclusão. Também promove foco, responsabilidade e participação de todos.

Usando elementos estruturais intencionais (cerimônia, um bastão de fala, um facilitador ou coordenador, orientações, e um processo decisório consensual) os Círculos objetivam criar um espaço onde os participantes se sentem seguros para serem totalmente autênticos e fiéis a si mesmos. Tais elementos serão descritos rapidamente a seguir, mas trataremos deles em mais detalhe no Capítulo 6.

Cerimônia – Intencional e conscientemente os Círculos mobilizam todos os aspectos da experiência humana: espiritual, emocional, físico e mental. Na abertura e no fechamento realiza-se uma cerimônia ou atividade de centramento intencional. A finalidade é marcar o Círculo como espaço sagrado, no qual os participantes se colocam diante de si mesmos e dos outros com uma qualidade de presença distinta dos encontros corriqueiros do dia a dia.

O bastão de fala – Somente a pessoa que está segurando o bastão de fala pode falar. Assim se regula o diálogo à medida que o bastão vai passando de uma pessoa para a outra, dando a volta no Círculo de forma sequencial. A pessoa que segura o bastão recebe a atenção total dos outros participantes e pode falar sem interrupções. Esse recurso promove plena manifestação das emoções, escuta mais profunda, reflexão cuidadosa e um ritmo tranquilo. Além disso, abre-se um espaço para as pessoas que sentem dificuldade de falar diante do grupo. No entanto, não se exige que o detentor do bastão fale necessariamente.

Facilitador ou guardião – O facilitador do Círculo de Construção de Paz, muitas vezes chamado guardião, ajuda o grupo a criar e manter um espaço coletivo no qual cada participante se sente seguro para falar aberta e francamente sem desrespeitar ninguém. Ele supervisiona a qualidade do espaço coletivo e estimula as reflexões do grupo através de perguntas ou pautas. O guardião não controla as questões a serem levantadas pelo grupo, nem tenta conduzi-lo na direção de determinada conclusão, mas pode intervir para zelar pela qualidade da interação grupal.

Orientações – Os participantes do Círculo desempenham o importante papel de conceber seu próprio espaço, criando as balizas para sua discussão. Elas expressam as promessas que os participantes fazem mutuamente sobre como irão se comportar durante o diálogo no Círculo. Essas orientações descrevem os comportamentos que os participantes consideram importantes para transformar o espaço em um lugar seguro onde conseguirão expressar sua verdade. Tais orientações não são regras utilizadas para julgar o comportamento do outro. São lembretes para que os participantes tenham em mente o compromisso mútuo de criar um lugar protegido que viabilize os diálogos complicados.

Processo Decisório Consensual – No Círculo as decisões são tomadas por consenso. Isto não significa que todos terão entusiasmo em relação a determinada decisão ou plano, mas é necessário que cada um dos participantes esteja disposto a viver segundo aquela decisão, bem como apoiar sua implementação.

Antes de discutir a missão do grupo em si, é preciso conhecer todos os participantes e construir relacionamentos, independente da tarefa do grupo. Metade do tempo do encontro poderá ser gasto criando-se a base para um diálogo profundamente honesto em torno do conflito ou dificuldade que acontecerá na etapa seguinte. Discutir valores, criar linhas--mestras que orientem o trabalho, partilhar aspectos desconhecidos sobre si mesmo – tudo isto é parte da preparação do alicerce para um diálogo que mobilizará os participantes emocional e espiritualmente, além de intelectualmente.

> No Círculo a sabedoria surge a partir das histórias pessoais.

Num Círculo, chega-se à sabedoria através das histórias pessoais. Ali a experiência vivida é mais valiosa do que conselhos. Seus integrantes partilham experiências pessoais de alegria e dor, luta e conquista, vulnerabilidade e força, a fim de compreender a questão que se apresenta. Quando alguém conta uma história, mobiliza as pessoas à sua volta em muitos níveis: emocional, espiritual, físico e mental. E os ouvintes absorvem as histórias de modo muito diferente do que se estivessem ouvindo conselhos.

TIPOS DE CÍRCULO DE CONSTRUÇÃO DE PAZ

À medida que os Círculos foram sendo aplicados para enfrentar diferentes problemas, emergiu uma terminologia para diferenciá-los segundo suas funções. Esta linguagem ainda está evoluindo e os títulos ainda não são empregados universalmente, no entanto, podem-se mostrar bastante úteis.

Há Círculos de vários tipos, inclusive de:
- Diálogo
- Compreensão
- Restabelecimento
- Sentenciamento
- Apoio
- Construção do Senso Comunitário
- Resolução de Conflitos
- Reintegração
- Celebração

Círculo de Diálogo – Num Círculo ou Roda de Diálogo os participantes exploram determinada questão ou assunto a partir de vários pontos de vista. Não procuram consenso sobre o assunto. Ao contrário, permitem que todas as vozes sejam ouvidas respeitosamente e oferecem aos participantes perspectivas diferentes que estimulam suas reflexões.

Círculo de Compreensão – Esta é uma roda de diálogo que se empenha em compreender algum aspecto de um conflito ou situação difícil. Em geral ele não é um Círculo de tomada de decisão e, portanto, não precisa buscar um consenso. Seu propósito é desenvolver um quadro mais completo do contexto ou das causas de um determinado acontecimento ou comportamento.

Círculo de Restabelecimento – O objetivo deste Círculo é partilhar a dor de uma pessoa ou grupo de pessoas que vivenciaram um trauma ou uma perda. Poderá surgir um plano de ajuda, mas este não é um requisito necessário.

Um aluno do décimo ano foi encaminhado para o Círculo por estar faltando às aulas. Ele também tem problemas por fumar na escola. No segundo Círculo contou que se sentiu muito mal quando foi expulso no oitavo ano e ficou todo o segundo semestre fora da escola.
Ninguém da equipe pedagógica sabia que essa experiência tinha sido tão traumática para o menino e sua mãe, até que falaram do assunto no Círculo. O menino contou aos participantes que aquela era a primeira ocasião, desde o oitavo ano, em que sentia que as pessoas da escola realmente estavam tentando compreender o que tinha acontecido com ele.[4]

Círculo de Sentenciamento – Este é um processo dirigido à comunidade, em parceria com o sistema de justiça criminal. Oferece aos que foram afetados por um crime ou ofensa a oportunidade de elaborar um plano de sentenciamento adequado, que contemple as preocupações e necessidades de todos os envolvidos.

Este Círculo reúne as pessoas que sofreram os danos, a pessoa que causou o dano, as famílias e amigos, outros membros da comunidade, representantes do poder judiciário (juiz, promotor, advogado de defesa, polícia, oficial de condicional) e outros profissionais. Os participantes discutem: 1) o que aconteceu; 2) por que aconteceu; 3) qual o dano resultante; 4) o que é necessário para reparar o dano e evitar que aconteça de novo.

O Círculo desenvolve uma sentença consensual para a pessoa que cometeu o crime ou ofensa e poderá também, como parte do acordo, estipular responsabilidades para os membros da comunidade e funcionários do judiciário. Como preparação para um Círculo de Sentenciamento poderá realizar-se um Círculo de Restabelecimento para a pessoa que foi lesada, e um Círculo de Compreensão para a que cometeu a ofensa, antes que os dois se encontrem.

Círculo de Apoio – Este reúne pessoas-chave capazes de oferecer apoio a alguém que passa por uma dificuldade ou dolorosa transição na vida. Este tipo de Círculo em geral se reúne regularmente ao longo de dado período de tempo. Por consenso, podem desenvolver acordos e planos, mas não são necessariamente Círculos de tomada de decisão.

Círculo de Construção do Senso Comunitário – Seu propósito é criar vínculos e construir relacionamentos dentro de um grupo de pessoas que têm interesses em comum.

Os Círculos de Construção do Senso Comunitário oferecem apoio a ações coletivas e promovem responsabilidade mútua.

Círculo de Resolução de Conflitos – Este reúne as partes de uma disputa a fim de resolver suas diferenças. A resolução acontece através da formação de um acordo consensual.

Círculo de Reintegração – Reúne um indivíduo com o grupo ou comunidade do qual foi separado ou afastado, a fim de se promover reconciliação e aceitação, culminando na reintegração do indivíduo. Em geral o processo se desenvolve em torno de um acordo consensual. São utilizados para adolescentes e adultos que retornam a suas comunidades, vindos de prisões ou instituições correcionais.

Círculos de Celebração ou Reconhecimento – Nesse caso se reúne um grupo de pessoas a fim de prestar reconhecimento a um indivíduo ou grupo e partilhar alegria e senso de realização.

CÍRCULOS DE CONSTRUÇÃO DE PAZ E SUAS APLICAÇÕES

Os Círculos de Construção de Paz vêm sendo usados para:
- Dar apoio e assistência a vítimas de crimes;
- Sentenciar menores e adultos infratores;
- Reintegrar egressos do sistema prisional;
- Dar apoio e monitorar ofensores crônicos em liberdade condicional;

- Dar apoio a famílias acusadas de negligência ou maus tratos a crianças e, ao mesmo tempo, garantir a segurança destas;
- Formar equipes e renovar os quadros de assistência social;
- Desenvolver missão e planos estratégicos para organizações;
- Desenvolver novos programas em agências governamentais;
- Lidar com discriminação, assédio e conflitos interpessoais no local de trabalho;
- Tratar de desentendimento entre vizinhos;
- Gerenciar os conflitos em sala de aula e no recreio;
- Lidar com a disciplina nas escolas;
- Ensinar a escrever em escolas alternativas;
- Reparar danos infligidos por uma classe de sexto ano a uma professora substituta;
- Tratar de casos de recaída de drogadição numa escola para dependentes em recuperação;
- Desenvolver programas pedagógicos para alunos especiais;
- Resolver conflitos familiares;
- Chorar as perdas de uma família ou comunidade;
- Lidar com disputas ambientais e de planejamento;
- Facilitar o diálogo entre comunidades de imigrantes e governo local;
- Lidar com discussões em aulas universitárias;
- Celebrar formaturas e aniversários;
- Discutir a presença dos jovens em shopping centers nos subúrbios.

3

Estudo de Caso

VIRANDO A PÁGINA DEPOIS DE UMA GREVE[5]

Na esteira da polarização ocasionada por uma greve de funcionários públicos, os administradores de um complexo residencial para jovens decidiram tomar medidas preventivas e sugeriram a realização de um Círculo. Através dessa iniciativa esperavam encontrar uma forma de ventilar os problemas e permitir que as pessoas partilhassem suas histórias. Queriam criar um lugar seguro para que sentimentos fossem expressos e ouvidos, um espaço onde se pudesse dizer tudo que era necessário para, depois, virar a página e começar uma fase de restabelecimento.

Nosso plano era realizar um Círculo de meio período que apresentasse o processo e alinhasse os parâmetros do que poderia ser feito para ajudar a agência na superação dos problemas. Esta seria uma oportunidade para começar o processo de recuperação e preparar os indivíduos para o segundo Círculo, que focalizaria mais as questões emocionais na raiz do problema.

Uma semana depois desse primeiro Círculo, alocamos um dia inteiro para o segundo, destinado a abordar as questões centrais com as quais os indivíduos se debatiam. Desde o início sabíamos que essas duas primeiras sessões provavelmente seriam apenas o começo de um longo processo, e que os facilitadores do Círculo não eram especialistas em resolução de problemas, mas estariam presentes para oferecer apoio às pessoas e orientar a agência ao longo das etapas do processo.

Primeiro Círculo

Passamos um bom tempo contextualizando o processo e preparando a base para o trabalho conjunto. Para orientar o Círculo, colocamos os lineamentos e valores do projeto habitacional no centro da roda, fazendo com que os participantes se lembrassem de seu compromisso em ajudar os jovens. Isto era significativo, pois a equipe havia votado esses lineamentos e valores centrais do projeto e, portanto, tinham peso cultural para aquela comunidade de trabalho. Também pedimos a todos que imaginassem uma roda de estudantes cercando o nosso Círculo e observando os adultos levarem adiante um processo de tomada de decisão modelar, maduro – um lembrete da verdadeira razão pela qual estavam trabalhando naquele projeto.

Mostramos e enfatizamos que o Processo do Círculo constitui um lugar seguro para expor e talvez até sanar problemas, e deixamos bem claro que é diferente de uma "reunião geral" ou uma "sessão de meditação". Fizemos isso nos esforçando para criar um local "sagrado" onde os indivíduos pudessem ouvir e falar (ou ficar em silêncio) a partir do coração, mantendo compromisso de confidencialidade, e respeitando o bastão de fala para que a pessoa que o segurasse fosse a única a falar naquele momento.

Através desse esforço para criar uma atmosfera de cerimônia – usando leituras e meditações de abertura e fechamento, bem como outros rituais – salientamos a importância de criar um espaço propício a esse tipo de trabalho. Também reforçamos a ideia de que o grupo é tão responsável pela cofacilitação quanto os guardiões do Círculo. Acreditávamos que usando suficiente tempo e energia para apresentar o processo e definir o tom teríamos mais chance de fomentar um ambiente onde as pessoas, com o tempo, se sentiriam à vontade para serem honestas consigo mesmas e com os outros.

As primeiras voltas do bastão de fala ficaram por conta das apresentações e respostas a perguntas leves e bem-humoradas destinadas a relaxar o grupo e construir algum tipo de união entre os participantes. Na próxima rodada, pedimos aos participantes que dissessem o que precisavam para se sentirem seguros nesse processo. Isto é importante para levar as pessoas a pensarem em termos gerais sobre aquilo que as faz sentirem segurança – e serve também para que todos tomem consciência de como seu comportamento afeta os outros.

Na rodada seguinte foi pedido a cada integrante para anotar num cartão quais tinham sido os impactos da greve sobre cada um, individualmente. Pediu-se a eles que registrassem se sentiram-se prejudicados por alguém ao longo da greve, e também se haviam prejudicado alguém. Quando terminaram de escrever, pedimos que guardassem esses cartões num lugar seguro até o nosso próximo encontro quando, caso desejassem, teriam a oportunidade de partilhar suas reflexões.

Essa atividade foi concebida para que os participantes refletissem sobre seu comportamento pessoal, também explorando o impacto da greve sobre si mesmos, suas famílias e relacionamentos profissionais. Fechamos esse primeiro Círculo pedindo aos participantes que partilhassem as esperanças que nutriam em relação ao projeto habitacional e a si mesmos, considerando os próximos três meses.

No geral o tom do primeiro Círculo foi positivo, apesar da tensão evidente entre os participantes. Ficou claro que todos queriam manter um trabalho construtivo com os jovens, e que isso era mais importante que tudo o mais. Mas havia pontos de vista conflitantes sobre como avançar depois da greve, devido a visões muito arraigadas sobre a questão sindical e em virtude da resposta individual ao estresse e nível atual de animosidade. Parecia que alguns indivíduos estavam prestes a entrar imediatamente em questões espinhosas, enquanto outros estavam muito preocupados com o que poderia acontecer durante o Círculo.

Alguns integrantes mostraram-se gratos pela oportunidade de participar de um processo circular que lidasse com o problema, outros afirmavam não acreditar no processo e verbalizaram sua percepção de que era tudo perda de tempo. Apesar da diversidade de expectativas em relação ao Círculo, sentimos que tínhamos conseguido criar o pano de fundo para o Círculo seguinte.

Segundo Círculo

Depois de iniciar com uma leitura de abertura, relembramos resumidamente o que havíamos feito na sessão anterior, reforçando os lineamentos do projeto e seus valores centrais, que estavam no centro da roda. Novamente pedimos ao grupo que imaginasse um círculo maior de clientes à nossa volta – algo que poderia ajudar o grupo a focalizar a questão de uma perspectiva mais ampla.

A primeira volta do bastão de fala ocupou-se de uma atualização. Cada participante disse como estava em geral, e como se sentia voltando ao Círculo. A próxima volta foi dedicada à investigação de qual tinha sido a coisa mais estressante para os indivíduos e suas famílias durante a greve. Essas duas voltas levaram bastante tempo, pois os integrantes falaram eloquentemente sobre o estresse durante a greve, e também a tensão residual, resultado de ações realizadas naquele período.

A próxima volta deu aos participantes a oportunidade de partilhar o relatório de impacto individual que haviam escrito na semana anterior. Foi uma rodada muito emocional para muitos que relataram em detalhes a forma como se sentiam afetados, como se percebiam prejudicados e/ou tendo prejudicado colegas de trabalho. Na próxima volta pedimos ao Círculo para dizer o que consideravam necessário para "virar a página". As pessoas falaram de várias coisas, inclusive tempo, paciência, compreensão, perdão etc. Como vários participantes haviam se desculpado na rodada anterior, durante essa rodada estimulamos as pessoas a prontificarem-se a reparar as ofensas cometidas.

Depois de conseguirem articular o que era necessário para que houvesse reparação, pedimos aos participantes que assumissem compromissos pessoais dizendo o que cada um faria individualmente para ajudar o projeto habitacional a avançar e funcionar de modo seguro e saudável. Novamente, a maioria se mostrou positiva e esperançosa, declarando seu empenho em ajudar o projeto ao longo do tempo e manter a alta qualidade da programação que a organização oferece a adolescentes do sexo masculino.

# FUNDAMENTOS DOS CÍRCULOS

> *"Em cada um de nós habita o desejo profundo de manter vínculos positivos com os outros."*
> Juiz Barry Stuart, de Yokon, Canadá.

VALORES

Os Círculos de Construção de Paz não são um processo neutro, livre de valores. Ao contrário, são conscientemente erguidos em cima de um alicerce de valores partilhados. Não se prescreve um conjunto específico de valores para os Círculos, mas a estrutura axiológica é a mesma para todos eles.

Os Círculos partem do pressuposto de que existe um desejo humano universal de estar ligado aos outros de forma positiva. Os valores do Círculo advêm desse impulso humano básico. Portanto, valores que nutrem e promovem vínculos benéficos com os outros são o fundamento do Círculo.

Não existe uma forma única de expressar esses valores, e mesmo que minha experiência tenha demonstrado que são similares em grupos diferentes, jamais se pode partir do pressuposto de que todos já os conhecem. Nos Círculos de Construção de Paz identificamos esses valores intencional e explicitamente antes de começar o diálogo sobre as questões em pauta. Os integrantes do Círculo devem verdadeiramente assumir esses valores, já que serão instados a usar de toda a sua capacidade para agir segundo os mesmos ao longo dos trabalhos.

O título de meu livro *Círculos de Construção de Paz – do Crime à Comunidade* sugere que os valores enumerados a seguir são fundamentais na sistemática dos Círculos: honestidade, humildade, compartilhamento, coragem, inclusão, empatia, confiança, perdão e amor.[6] Círculos Comunitários em Washington County, Minnesota, identificaram os seguintes valores como base para seus Círculos: respeito, humildade, compaixão, espiritualidade e honestidade.

Muitos acreditam que os jovens transgressores não partilham desses mesmos valores. Contudo, um grupo de jovens cumprindo pena de reclusão em instituição correcional criou uma lista para seu Círculo, e a enumeração incluiu valores como: respeito, mente aberta, responsabilidade, cuidado e consideração pelo outro, honestidade e escuta do ponto de vista alheio.

> Os Círculos encarnam o desejo humano universal de estar ligado aos outros de modo positivo.

Os exemplos acima ilustram a um só tempo a estrutura axiológica comum (valores que nutrem e promovem um vínculo benéfico com o outro) e a diversidade na maneira como os grupos explicitam as balizas de seu comportamento. Quando os participantes escolhem conscientemente os valores que guiarão sua interação, conseguem manter mais claramente a intenção de alinharem seu comportamento com tais valores. O integrante de um Círculo que envolvia enorme dor e fortes sentimentos viscerais mencionou o autocontrole como valor que ele queria ver no Círculo. Mais tarde, declarou: "estou feliz por ter colocado o autocontrole no Círculo porque, caso contrário, eu não o estaria praticando agora".

SABEDORIA ANCESTRAL

Além dos valores associados à própria condição humana ("aquilo que temos de melhor"), os fundamentos do Círculo incluem vários pressupostos sobre a natureza do Universo. São pressupostos comuns à cosmovisão da maioria das culturas indígenas e, em geral, associados metaforicamente à imagem do Círculo. São ideias que passaram de geração em geração através de ensinamentos tradicionais.

Um desses ensinamentos que embasam o processo em Círculo é a afirmativa de que tudo no Universo está ligado, e que é impossível isolar algo e agir sobre aquilo sem atingir todo o resto. Segundo esta visão de mundo, não existe o que chamamos de "observador objetivo" ou "perspectiva isenta". Tudo está conectado.

> Precisamos da pessoa em função da qual o Círculo foi formado tanto quanto essa pessoa precisa de nós.

Uma consequência desse pressuposto é o entendimento de que é impossível simplesmente "se livrar" de nossos problemas. Certa vez, um educador que ouvia um grupo conversando sobre Justiça Restaurativa interveio, dizendo: "Já entendi. É como a gente que há 30 anos jogava uma garrafa no mar achando que tinha se livrado dela. Depois veio o movimento ecológico e nos ensinou que isso não existe. Não há como se livrar das coisas. Acontece o mesmo com as pessoas".

Quando agimos sob a falsa impressão de que podemos jogar algo fora, aquilo volta para nos envenenar de formas que muitas vezes não percebemos, pois tínhamos a impressão de que aquilo havia sumido. No cerne dos Círculos está a importância de reconhecer o impacto de nosso comportamento sobre os outros, bem como a interconexão de nossos destinos. O mal praticado contra um é um mal para todos. O dano de um é um dano para todos. O bem praticado a um é um bem para todos.

Outra consequência desse ensinamento sobre a conexão é o reconhecimento de nossa interdependência, de que precisamos uns dos outros de modo essencial. Um membro da comunidade que participava de um Círculo reunido para um infrator certa vez observou:

> "Para conseguir ficar com o que tenho, é necessário dar o que tenho. Preciso estar no Círculo. Quando fico sozinho as coisas não funcionam bem. As pessoas se reúnem e trabalham juntas para tentar ajudar umas às outras. A gente precisa dar para ter isso. Simplesmente é assim que as coisas funcionam."

O pressuposto no Círculo é que precisamos da pessoa para a qual o Círculo foi criado, assim como ela precisa de nós.

Pelo fato de todos estarmos ligados e sermos interdependentes, cada um de nós tem valor para o todo. Portanto, os Círculos operam a partir da convicção de que cada pessoa tem dignidade e valor intrínsecos. Todos nós merecemos igual respeito também e a oportunidade de expressar nosso ponto de vista.

Essa crença, de que tudo está conectado, de que não há observador objetivo e de que somos profundamente interdependentes hoje encontra firme corroboração na física quântica. Margaret J. Wheatley descreve em sua obra *Leadership and the New Science* [Liderança e a Nova Ciência] que levou um século para que a passagem de uma compreensão newtoniana do Universo para uma compreensão quântica fosse incorporada ao pensamento sobre os relacionamentos humanos e sobre as organizações da sociedade ocidental.[7]

Diz ela:

> Cada um de nós vive e trabalha em organizações concebidas a partir de uma visão newtoniana do Universo (...) segundo a qual as coisas podem ser desmanteladas, dissecadas literal ou simbolicamente (como temos feito com as funções empresariais ou as disciplinas acadêmicas) e depois remontadas sem perdas significativas. O pressuposto é que, depois de compreender o mecanismo de cada parte, podemos compreender o todo. O modelo newtoniano do mundo é caracterizado por materialismo e reducionismo – com foco em coisas e não em relacionamentos.[8]

Em seguida Wheatley faz a comparação com a visão quântica:

> A visão de realidade da mecânica quântica conflita com a maioria de nossas ideias sobre a realidade (...). Trata-se de um mundo onde o relacionamento é a chave determinante daquilo que observamos (...). As partículas surgem e são observadas apenas quando se relacionam. Elas não existem como "coisas" independentes (...). Estas conexões invisíveis, entre elementos antes vistos como separados, são os elementos fundamentais de toda a criação.[9]

DA RODA DA MEDICINA DOS NATIVOS DO CANADÁ

Formação de Comunidades

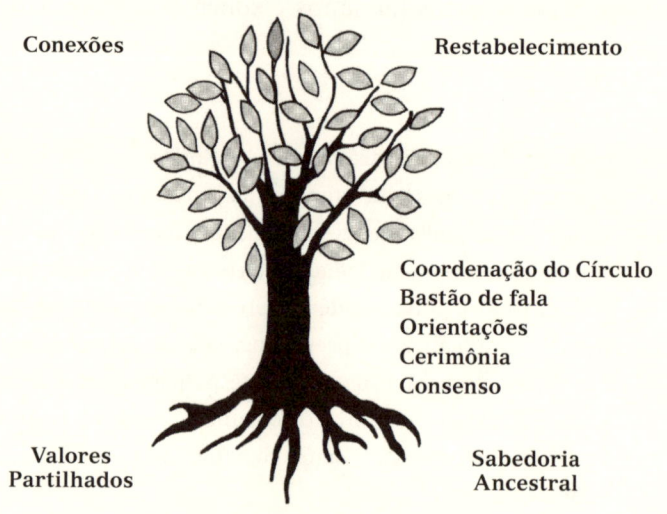

Conexões

Restabelecimento

Coordenação do Círculo
Bastão de fala
Orientações
Cerimônia
Consenso

Valores Partilhados

Sabedoria Ancestral

Orientação dos Ensinamentos

Talvez essa espécie de interconexão não seja um conceito familiar às culturas ocidentais, mas é bem conhecida de muitas culturas indígenas. Mesmo assim, sabedoria ancestral e ciência moderna chegaram à mesma conclusão, partindo de dois modos distintos de conhecer o mundo e de culturas muito diferentes. Embora a moderna física e a antiga metafísica tenham chegado às mesmas conclusões, essa convicção está ausente do fundamento de muitas estruturas sociais ocidentais, erigidas sobre o modelo newtoniano de realidade objetiva formada por componentes separados.

Um outro ensinamento ancestral, essencial para os Círculos, é o de que a experiência humana se compõe de aspectos mentais, físicos, emocionais e espirituais. Todas essas facetas da experiência humana são igualmente importantes e oferecem contribuições essenciais à nossa vida coletiva. O equilíbrio entre esses aspectos é vital para a saúde dos indivíduos e das comunidades. Consequentemente, os Círculos criam, de modo intencional, um espaço onde todos os aspectos da experiência humana recebem reconhecimento e são bem-vindos.

A expressão emocional e espiritual que reflete a perspectiva pessoal daquele que está falando – que é diferente da expressão das outras pessoas – é acolhida no Círculo. Nele se presume que os conflitos e dificuldades têm conteúdo emocional e espiritual para os participantes e que a resolução eficaz das questões requer o exame detalhado desses conteúdos emocionais e espirituais, bem como dos conteúdos físicos e mentais.

O Processo Circular como Praticado em Comunidades de Fé

Thomas W. Porter Jr., diretor executivo do JUSTPEACE

Inspirado no trabalho de Kay Pranis, o JUSTPEACE, centro de mediação e transformação de conflitos da United Methodist Church, encontrou no processo Circular uma grande dádiva para a igreja, pois esse processo:
- Evoca os melhores aspectos da teologia;
- Reconhece a importância do ritual e do espaço e tempo do sagrado;
- Enfatiza o significado dos compromissos relacionais assumidos;

- Estimula a escuta profunda e o discurso respeitoso e sincero;
- Nos afasta de acordos formados por votação e nos aproxima de decisões tomadas por consenso;
- Cria uma compreensão da liderança como serviço, algo que leva a um grande empoderamento;
- Focaliza a missão de reconciliar, sanar relacionamentos e criar um senso de comunidade.

Em resumo, os Processos Circulares nos ajudaram a resgatar uma maneira melhor e mais fiel de estar na igreja. À medida que o processo ganhou maior aceitação, percebemos que ele tem a capacidade de transformar o modo como tomamos decisões, como conduzimos situações de conflito e mesmo nosso modo de vivenciar a comunhão como ritual de reconciliação e restabelecimento de relacionamentos.

5

Estudo De Caso

CHEGANDO AO ENTENDIMENTO EM SALA DE AULA[10]

No final do recreio, um aluno do ensino fundamental ameaçou incendiar a escola. O incidente se deu logo depois dos tiroteios nas escolas em Littleton, Colorado e a ameaça desencadeou o medo entre os colegas de classe.

A professora convocou um Círculo de Entendimento com os alunos e, no dia seguinte, a classe inteira participou. Durante o Círculo os alunos falaram sobre o que sentiram diante da ameaça e como aquilo os atingira. Muitos contaram sobre os pesadelos que tiveram por causa das ameaças do colega. Refletiram também sobre o modo como o comportamento de cada colega afetava o aluno que tinha feito a ameaça e como eles eram parcialmente responsáveis pelo comportamento do autor da ameaça.

No fechamento do Círculo, o menino concordou em mudar seu próprio comportamento: 1) não xingar ou ameaçar os outros; 2) pensar antes de falar; 3) afastar-se dos outros quando estivesse raivoso para primeiro se acalmar e depois falar sobre o assunto com os colegas. Concordou também em escrever uma carta pedindo desculpas à classe.

Seus colegas, por sua vez, também concordaram em modificar seu comportamento: 1) sendo mais gentis com ele; 2) não mentindo sobre ele; 3) não fazendo zombarias para provocá-lo; 4) brincando com ele para que tivesse mais amigos; 5) fazendo trabalhos em grupo com ele; 6) ajudando-o a fazer novas amizades; 7) defendendo-o de um jeito legal; 8) perdoando-o e dando-lhe uma nova chance e 9) jogando basquete com ele depois da aula.

Uma medida disciplinar anterior havia banido o menino do parquinho pelo resto do ano letivo. Seus colegas não queriam que isso acontecesse, desejavam dar a ele uma nova oportunidade. Sentiam que, se todos fizessem o que tinham prometido no Círculo, não haveria mais problemas no parquinho. E estavam certos. O menino recebeu uma nova chance de brincar com seus colegas e cumpriu todas as obrigações assumidas no acordo com a classe durante o Círculo.

Elementos-Chave dos Círculos

ELEMENTOS ESTRUTURAIS

Apoiados sobre o alicerce dos valores e da sabedoria ancestral, os Círculos usam cinco elementos estruturais para criar um espaço seguro onde as pessoas se ligam às outras de modo positivo, mesmo em circunstâncias de conflito, dano ou dificuldades. Esses elementos incluem: cerimônia, orientações, o bastão de fala, coordenação/facilitação e decisões consensuais.

Cerimônia

Cerimônias de abertura e fechamento marcam o tempo e o espaço do Círculo como um lugar à parte. O Círculo é um espaço distinto porque convida seus integrantes a entrarem em contato com o valor de estar profundamente ligados entre si, incentivando as pessoas a deixarem cair as máscaras e defesas que normalmente usam e que criam uma distância em relação aos outros.

As cerimônias de abertura ajudam os participantes a "mudar de marcha", a passar do ritmo e tom da vida comum ao ritmo e tom próprios do Círculo. A cerimônia de abertura promove o centramento dos participantes, lembra a cada um os valores centrais do Círculo, limpa as vibrações negativas advindas de fontes de estresse externas, fomenta um clima de otimismo e celebra a presença de todos os integrantes do processo.

As cerimônias de fechamento são um reconhecimento pelo esforço realizado no Círculo. Elas reafirmam a interconexão dos presentes, instilam esperança em relação ao futuro, e preparam o participante para voltar ao espaço comum da vida. As cerimônias de abertura e fechamento são concebidas para se ajustarem à natureza particular de cada grupo e oferecem oportunidades de identificação cultural.

Orientações

As orientações são compromissos ou promessas que os participantes fazem uns aos outros quanto ao modo como se comportarão no Círculo. O propósito das orientações é estabelecer expectativas de conduta bem claras com base naquilo que os participantes necessitam a fim de se sentirem num espaço seguro para falar de modo sincero e autêntico e agirem a partir do impulso de se ligar aos outros de modo positivo. As orientações são criadas para atender as necessidades de um Círculo específico e sempre incluem fala e escuta respeitosa bem como alguma forma de confidencialidade.

> As orientações são adotadas por consenso do Círculo

Não apenas o facilitador, mas também toda a dinâmica do processo é responsável pela criação e implementação das orientações. Elas não são limites rígidos, mas lembretes construtivos sobre as expectativas em relação ao comportamento dos integrantes do Círculo. Não são impostas aos participantes, mas adotadas por consenso do Círculo.

O desenvolvimento das orientações começa durante a fase preparatória e prossegue quando o Círculo se reúne. Se alguém discorda de uma orientação proposta, o coordenador facilita uma discussão que examinará o propósito daquela orientação e a questão levantada. Trata-se de uma busca de entendimento e terreno comum a fim de assegurar um espaço de respeito por todos os participantes.

Em geral não é difícil chegar a um consenso quanto às orientações. Mesmo em situações de hostilidade, quando as partes não estão dispostas a ouvir umas às outras, ainda assim, elas desejam a escuta respeitosa como orientação pois querem ser ouvidas respeitosamente. As orientações surgem quando pedimos às pessoas para dizer o que querem *para si mesmas dos* outros e, depois, naturalmente, tais orientações passam a valer para todos no Círculo.

A discussão das orientações ajuda os participantes do Círculo a refletirem sobre qual será a qualidade de sua presença diante dos outros, para que possam agir mais intencionalmente do que fariam se não houvesse essa discussão prévia, especialmente em situações de conflito e raiva.

O bastão de fala

O bastão de fala é um objeto que passa de pessoa para pessoa dando a volta na roda. Como se infere do nome, o detentor do bastão tem a oportunidade de falar enquanto todos os outros participantes têm a oportunidade de escutar sem pensar numa resposta. O detentor do bastão de fala também pode decidir oferecer um período de silêncio ou passar o bastão sem falar. Não há obrigação de falar quando o bastão está nas mãos do participante.

Este é um elemento de vital importância para criar um espaço onde os participantes consigam falar a partir de um recôndito íntimo de verdade. Ele dá a segurança de que não serão interrompidos, de que poderão fazer pausas para encontrar as palavras que expressem aquilo que está em seu coração e sua mente, e que elas serão integral e respeitosamente ouvidas. O bastão de fala desacelera o ritmo da conversa e estimula interações refletidas e cuidadosas entre os participantes. Muitas vezes é um objeto que tem significado simbólico relacionado aos valores partilhados pelo grupo e, assim, se transforma num lembrete concreto daqueles valores para cada um que o recebe.

O bastão de fala gera um nível de ordenação do diálogo que permite a expressão de emoções difíceis sem que o processo entre numa espiral de descontrole. Em virtude de somente uma pessoa poder falar de cada vez e de o bastão de fala se mover sucessivamente por todas as pessoas, duas pessoas que estejam em desacordo não podem entrar numa altercação durante o momento da raiva. O bastão de fala distribui por toda a roda a responsabilidade de reagir e gerenciar as emoções difíceis. Todos sabem que o facilitador do Círculo não falará até que chegue a sua vez e, portanto, tratam de agir como mediadores diante de expressões de dor, raiva ou conflito.

> O bastão de fala é elemento vital para criar um espaço onde os participantes consigam falar a partir de um recôndito íntimo de verdade.

O bastão de fala é um poderoso equalizador. Permite que cada participante tenha igual oportunidade de falar, e traz implícito em si mesmo a presunção de que todos têm algo importante a ofertar ao grupo. Esse pequeno objeto facilita a contribuição de pessoas quietas que dificilmente seriam assertivas num diálogo aberto convencional. Pelo fato de passar fisicamente de mão em mão, ele vai tecendo um fio que liga os membros do Círculo.

Facilitação/Guarda

Muitos grupos utilizam a palavra "guardião" ou "cuidador" para designar o facilitador do Círculo. Thomas Porter, diretor da organização JUSTPEACE utiliza o termo "zeladoria" ao conduzir Círculos no ambiente da Igreja Metodista. No presente livro utilizei as palavras guardião e facilitador indistintamente. O guardião do Círculo não é responsável por encontrar soluções nem controlar o grupo. Seu papel é o de iniciar um espaço respeitoso e seguro e envolver os participantes na partilha da responsabilidade pelo espaço e pelo trabalho em comum.

O guardião ajuda o grupo a acessar sua sabedoria individual e coletiva abrindo o espaço de modo cuidadoso e monitorando a qualidade desse espaço à medida que o grupo vai trabalhando. O grande papel desempenhado pelo bastão de fala na regulação do diálogo reduz o papel do facilitador quando comparamos o Círculo a outros processos de diálogo. O facilitador pode falar sem o bastão de fala mas raramente o faz.

O papel do guardião não é de neutralidade, como é normal em outros modelos de resolução de conflito ocidentais. Ele participa do processo e pode oferecer seus pensamentos, ideias e histórias. Minimizar o viés do facilitador é desejável nos Processos em Círculo, mas isto se consegue através de cuidado amoroso para com todos no Círculo, ao invés de distanciamento clínico.

As diretrizes dos círculos são criadas por consenso pelo grupo e pertencem a este. Por isso, o guardião não é um árbitro, mas sim um monitor. Se essas diretrizes não funcionarem, o guardião chamará a atenção do grupo, no sentido de zelar por elas.[11] Exceção feita aos círculos pequenos, é comum ter dois guardiões facilitando um círculo. Uma das características mais importantes de um guardião eficaz é a habilidade de abrir mão do controle e partilhar com os participantes do círculo a responsabilidade pelo processo e pelos resultados.

Processo Decisório Consensual

Nem todos os Círculos de Construção de Paz tomam decisões, mas quando o fazem, elas são decisões consensuais. Nos processos em Círculo entende-se por consenso o fato de todos os participantes estarem dispostos a viver segundo aquela decisão e apoiar sua implementação.

O processo decisório consensual tem por fundamento um sério compromisso de compreender as necessidades e interesses de todos os participantes e de trabalhar para atender a todas essas necessidades. Isto requer escuta profunda e reflexão prévias. O compromisso com o consenso envolve os participantes na tarefa de ajudar os outros a satisfazerem suas necessidades enquanto, ao mesmo tempo, atendendo as suas próprias necessidades. O consenso desafia cada participante a falar com sinceridade quando for impossível viver com uma decisão e depois ajudando o grupo a encontrar outra solução com a qual todos possam viver, uma solução que atenda às necessidades do grupo como um todo.

> Com o consenso todos ganham poder

A adoção desse processo consensual exige uma atitude mais exploratória do que de conquista ou persuasão. A escuta profunda e respeitosa de todos os participantes, fruto da utilização do bastão de fala, torna a decisão consensual um resultado natural do processo circular.

Nem sempre o consenso é possível. Mas

é uma raridade não chegar a um consenso quando tenha sido alocado ao processo Circular tempo suficiente para a escuta integral de todos os pontos de vista.

Quando um participante sente que foi de fato escutado e percebe que o Círculo realmente tentou atender suas necessidades, raramente põe obstáculos ao consenso, mesmo não tendo conseguido o que queria.

Se não for possível chegar ao consenso, a decisão pode ser tomada adotando-se qualquer outro processo utilizado normalmente. O que se verifica é que os Círculos em geral produzem informações muito mais ricas, que são de grande ajuda em qualquer processo de tomada de decisão.

As decisões consensuais sempre resultam em acordos mais eficazes e sustentáveis, pois elas conferem poder a todos. Para chegar ao consenso é preciso que o grupo preste atenção aos interesses daqueles que em geral não têm poder. Um processo consensual tem o potencial de produzir resultados mais democráticos porque os interesses de todos devem ser levados em consideração. Em última instância, a decisão deve representar todos os envolvidos, caso contrário, não haverá consenso. Portanto, tais decisões devem contemplar, em alguma medida, o interesse de todos os envolvidos.

Decisões que atendem às necessidades de todos os participantes têm muito mais chance de sucesso porque cada um deles tem algo a ganhar com a implementação exitosa do acordo. Assim, cada participante faz um investimento na direção desse sucesso. O processo decisório consensual em geral leva mais tempo para chegar ao acordo, mas sua implementação é mais rápida em virtude do compromisso das partes.

Esses cinco elementos estruturais – cerimônia, orientações, bastão de fala, facilitador e processo decisório consensual construído sobre o fundamento de valores partilhados e sabedoria tradicional – criam um *continente* a partir do qual as pessoas conseguem recorrer ao melhor de si para se aproximarem dos outros e formarem vínculos em níveis profundos.

A IMPORTÂNCIA DE CONTAR HISTÓRIAS

Quando se conta uma história, a informação é transmitida de modo a criar abertura por parte daquele que escuta. Se a mesma informação for apresentada de forma direta ou cognitiva o receptor imediatamente aciona um mecanismo de avaliação para decidir se concorda ou não. Já no primeiro momento de uma explicação somos envolvidos mentalmente e começamos a pensar em como responder.

> A partilha de histórias fortalece o sentido de conexão, promove a reflexão acerca de si próprio e empodera os participantes.

Quando contamos histórias, mobilizamos uma escuta diferente. O corpo relaxa, se acalma, fica mais aberto e menos ansioso. Absorvemos a história antes de avaliar seu conteúdo. Somos envolvidos emocionalmente, além de mentalmente. Essa escuta diferenciada permite que a informação seja passada integralmente, o que leva a uma compreensão muito maior entre as pessoas.

Os Círculos são processos de contação de histórias. Eles mobilizam o histórico e a experiência de todos os participantes a fim de compreender a situação e procurar uma boa saída para o futuro – não através de repressão e conselhos, ou ordens, mas partilhando histórias de luta, dor, alegria, desespero e vitória. As narrativas pessoais são o manancial de revelação e sabedoria dos Círculos.

Abrindo nossa história individual aos outros, permitimos que eles se liguem a nós, encontrando pontos em comum conosco e nos conhecendo melhor. Num relacionamento respeitoso entre orador e ouvinte, os dois se abrem a uma ligação mais profunda com o outro. Quando as pessoas partilham histórias de dor e erros, e deixam cair camadas protetoras revelando-se como seres humanos vulneráveis e batalhadores, nós nos identificamos mais com essas pessoas. Fica muito mais difícil manter distância daquele *outro* e deixar de sentir a ligação existente em função da humanidade comum que nos une. Fica mais difícil apegar-se ao medo, à raiva ou à indiferença que sentimos em relação a alguém quando este expõe sua dor e vulnerabilidade. A menos que já conheçamos a história de vida daquele que está falando, a escuta das histórias de sofrimento e fragilidade em geral desmancha os preconceitos que tínhamos a seu respeito.

Contar a nossa história é um processo de reflexão sobre nós mesmos. Ao contar nossa própria história se esclarece o nosso modo pessoal de compreender aquilo que nos aconteceu, por que e como aquilo nos afetou, e como vemos a nós mesmos e aos outros. Nosso modo de construir essa história, que molda nossa visão da realidade, fica mais transparente para nós mesmos quando falamos em voz alta para os outros.

Para se sentirem respeitadas e ligadas aos demais, as pessoas precisam que os outros escutem quando estão contando sua história. Na nossa cultura, a escuta acontece em função do poder que alguém tem. Quanto mais poder tivermos, mais respeito as pessoas demonstrarão ao escutar nossa história. Ouvir respeitosamente a história de alguém é honrar seu valor intrínseco e empoderá-lo construtivamente.

FOCO NOS RELACIONAMENTOS

Antes de tentar resolver as questões ou partir para a ação, é preciso investir algum tempo ajudando os participantes a encontrar sua ligação como seres humanos. Harold Gatensby, um professor e mentor de Processos Circulares dos tlingit, povo das primeiras nações da cidade de Carcross, em Yukon, vem aplicando a estrutura da Roda da Medicina, com quatro partes iguais, aos Processos Circulares (veja o diagrama na pág. 58). O ensinamento contido nessa tradicional Roda da Medicina é que o tempo gasto conhecendo as pessoas e criando entendimento deve ser igual ao tempo gasto discutindo

OS QUATRO ELEMENTOS RELACIONAIS DOS CÍRCULOS
(Baseado na Roda da Medicina)

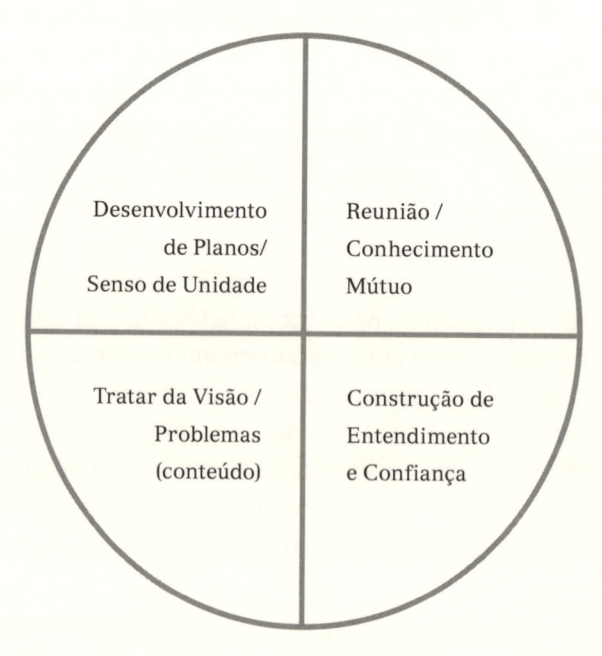

Desenvolvimento de Planos/ Senso de Unidade	Reunião / Conhecimento Mútuo
Tratar da Visão / Problemas (conteúdo)	Construção de Entendimento e Confiança

os problemas e criando planos de ação.

O processo de conhecer as pessoas num nível mais profundo e formar relacionamentos acontece basicamente dentro do próprio Círculo. As primeiras rodadas criam um caminho para que as pessoas falem sobre quem são e o que é importante para elas, partilhando experiências de vida significativas. De propósito, essas primeiras rodadas não focalizam as questões em disputa.

Em geral a rodada introdutória convida as pessoas a partilharem algo significativo sobre si mesmas. Uma rodada de valores poderá pedir às pessoas que citem um valor que gostariam de ver no Círculo, e o motivo por que esse valor é importante para elas. Uma rodada de contação de histórias num Círculo para resolução de conflitos poderá convidar os participantes a contarem a experiência de alguma ocasião em que causaram dano a alguém, mas depois conseguiram resolver as coisas de modo a ficarem satisfeitos consigo mesmos. Nessas rodadas, o facilitador é o modelo de vulnerabilidade na partilha de sentimentos profundos. As rodadas devem ser dirigidas no sentido de uma partilha positiva.

À medida que os participantes revelam aspectos desconhecidos ou ignorados sobre si mesmos através de uma orientação positiva, aquilo que de negativo havia sido presumido pelos outros começa a ruir e perder força. Quando os participantes contam suas histórias, descobrem que são parecidos em aspectos inesperados.

Uma preparação cuidadosa, a hospitalidade no momento em que as pessoas chegam ao local, uma abertura que demonstre consideração e cuidado, a criação coletiva de princípios orientadores e o uso do bastão de fala – tudo contribui para criar um espaço no qual as pessoas estão mais propensas a expor suas vulnerabilidades na hora de contar suas histórias pessoais. Assim que as pessoas expõem suas vulnerabilidades, começa a se formar a confiança. O nível de ligação e confiança tem impacto direto tanto sobre a eficácia do diálogo quanto às questões em pauta e o desenvolvimento de planos para resolvê-las.

Quando um grupo de pessoas não desenvolveu ligação e confiança mútua, a discussão dos problemas tende a ficar no nível superficial. As pessoas podem não sentir a segurança necessária para expressar sua verdade mais profunda quando não partilham de um terreno comum constituído através do conhecimento mútuo que vai além das apresentações sociais corriqueiras.

Em geral, quando se fala a verdade acerca de questões difíceis, o sentimento é de grande vulnerabilidade. Sem estarem imbuídas de um sentido de conexão e confiança, as pessoas não oferecerão facilmente aqueles dons e recursos que poderiam servir à tarefa do grupo. Os planos de ação desenvolvidos a partir de um nível superficial de informação e análise resultam ineficazes.

Um jovem esguio, nervoso, de cerca de 20 anos, se sentou no Círculo formado, na sua maioria, por professores de meia idade, membros da comunidade e profissionais de justiça criminal que participavam de um treinamento em Processos Circulares. Esse rapaz vinha trabalhando com um Círculo de Justiça Criminal há um ano. Por duas vezes ele recebera tratamento devido às suas várias dependências químicas (em especial a metanfetamina), e por recaídas, e recentemente perdera o emprego porque um teste de urina acusou a presença de drogas. Apesar de tudo isso, os membros do Círculo que o conheciam o acolheram calidamente com abraços.

Quando o bastão de fala chegou nele, falou sem hesitação e claramente, pedindo desculpas aos professores pelos problemas que havia criado quando apareceu chapado na escola. Tirando os olhos da pena (bastão de fala), levantou a cabeça e falou com profunda convicção: "Se não fosse pelo Círculo e todo o cuidado e apoio e sabedoria do Círculo, eu já estaria morto. Aqui sinto muito amor e apoio. Isso é muito legal. Eu sinto isso bem aqui" (apontando para o coração).[12]

Quando os planos para atingir os resultados desejados falham, em geral os grupos voltam para reanalisar o problema e formar um novo plano. Se ainda não construíram relacionamentos e confiança, continuarão não conseguindo chegar à verdade mais profunda, e tanto a análise quanto o plano ficarão novamente aquém dos resultados esperados. Embora leve tempo para construir relacionamentos, no final esta aparente perda de tempo poderá render maior eficiência, pois a saúde dos relacionamentos é a base para criar soluções eficazes e sustentáveis.

Os Círculos utilizam o desejo profundo de se estar ligado a outros de uma forma positiva como plataforma para desenvolver relacionamentos. Por sua vez, isso possibilita às pessoas explorarem as questões de modo mais profundo, o que resulta afinal em soluções mais poderosas para problemas ou conflitos difíceis.

ESTÁGIOS DOS PROCESSOS CIRCULARES

Como mencionamos antes, a implementação dos Círculos de Construção de Paz requer mais do que um círculo de cadeiras. Abordar conflitos ou danos através desta metodologia envolve um processo de múltiplos estágios, e cada fase é importante para a eficácia do processo como um todo. Na maioria dos Processos em Círculo, esses quatro estágios incluem a determinação de sua aplicabilidade, a preparação, a reunião do Círculo, e o acompanhamento.

1º Estágio: Determinação de sua aplicabilidade. Esta é uma avaliação que visa estabelecer se o Círculo é um processo adequado para a situação, o que se faz através das seguintes perguntas:
- As partes principais estão dispostas a participar?
- Há disponibilidade de facilitadores treinados?
- A situação permite o tempo necessário para aplicação do Processo em Círculo?
- A segurança física e emocional dos envolvidos pode ser garantida?

2º Estágio: Preparação
- Identificação das partes que devem participar: Quem sofreu os impactos da situação? Quem tem os recursos, habilidades, conhecimentos necessários? Quem tem experiência de vida similar que possa representar uma contribuição?
- Familiarizar as partes principais com o processo;
- Começar a estudar o contexto do problema.

3º Estágio: Encontro de todas as partes
- Identificar os valores partilhados e desenvolver os princípios orientadores;
- Iniciar a contação de histórias a fim de criar relacionamentos e conexões;
- Partilhar preocupações e esperanças;
- Expressar sentimentos;
- Examinar as causas subjacentes do conflito ou danos;
- Gerar ideias para sanar os danos e resolver conflitos;
- Determinar as áreas de consenso para agir;
- Desenvolver acordos e explicitar responsabilidades.

4º Estágio: Acompanhamento
- Avaliar o progresso dos acordos. Todas as partes estão cumprindo suas obrigações?
- Examinar as causas de qualquer descumprimento de obrigações, esclarecer as responsabilidades e identificar os próximos passos, caso o descumprimento persista;
- Adaptar os acordos conforme a necessidade, com base em novas informações e acontecimentos;
- Celebrar o sucesso.

Evidentemente, o 3º estágio será conduzido no formato Circular. No entanto, os Círculos também podem ser utilizados nas outras três fases do processo total. Por exemplo, quando se utiliza um Círculo de Construção de Paz para sentenciamento numa vara criminal, o processo utiliza o Círculo nos estágios que antecedem o Círculo Final de Sentenciamento.

1º Estágio: O ofensor pode solicitar um Processo Circular através de um Círculo de Requerimento ou um Círculo de Entrevista.

2º Estágio: A preparação pode incluir: a) criação de um sistema de apoio para o ofensor; b) criação de um sistema de apoio para a vítima; c) Círculos de recuperação para a vítima; d) Círculos de compreensão para o ofensor.

3º Estágio: O processo de sentenciamento acontece em Círculo.

4º Estágio: Círculos de acompanhamento podem ser utilizados em intervalos adequados a fim de rever o progresso dos acordos de sentenciamento.

Estudo de Caso

RESTABELECIMENTO DEPOIS DE UM CRIME VIOLENTO[13]

Riso, abraços e despedidas amistosas enchem o ar à medida que as pessoas circulam pela sala de uma casa na região norte de Mineápolis. A conversa na porta da frente conta a história do que se passou lá dentro.

"Você ainda está com medo?", pergunta um membro da comunidade.

"Não, nunca mais", responde um homem de meia-idade.

Essa conversa se deu depois da realização de um Círculo de Construção de Paz no qual a vítima de um assalto se encontrou com o jovem de 17 anos que mantivera uma arma carregada apontada para sua cabeça no quintal de sua casa. No Círculo estavam presentes: a família da vítima, um amigo, a família do jovem ofensor, vários membros da comunidade e profissionais de justiça da Vara do Menor e do Adolescente – cerca de 20 pessoas ao todo. A vítima descreveu o trauma do crime e seu impacto sobre sua vida. O jovem e sua família expressaram seu arrependimento e preocupação com a vítima. Os membros da comunidade manifestaram seu apoio a ambas as famílias e sua esperança de que a comunidade se reúna para fortalecer o bairro.

Depois que todos tiveram a oportunidade de se expressar, a vítima pediu para falar de novo. Passou os olhos por todos no Círculo e parou no jovem ofensor, dizendo: "Quando você sair do Red Wing (instituição correcional para adolescentes), gostaria de convidá-lo para almoçar comigo".

Pouco tempo depois, durante uma pausa nos trabalhos, o jovem infrator se aproximou do filho da vítima, um rapaz da mesma idade, e estendeu sua mão. O filho levantou da cadeira e abraçou o jovem. Em seguida aproximou-se da vítima e sua esposa, que também o abraçaram. O trauma dos últimos seis meses se transformara numa experiência de apoio comunitário e manifestação de remorso pelo dano causado àquele homem e sua família.

Antes de o Círculo reunir as duas famílias, Círculos separados foram realizados para a vítima e o infrator. O Círculo de Compreensão para a vítima deu a ele a oportunidade de expressar integralmente o horror da experiência e suas consequências, incluindo comentários dolorosos que outros haviam feito no sentido de que "nem foi tanto assim, já que ninguém saiu ferido".

As duas famílias se sentiam isoladas e sozinhas em sua dor antes do Círculo. Nenhuma delas sentia que a comunidade estava atenta ou se importava com o que estava acontecendo. Ambas as famílias se mostraram surpresas diante dos oferecimentos de ajuda e apoio vindos de membros da comunidade que não tinham ligação direta com o acontecido. O Processo Circular conseguiu romper o ciclo de medo e isolamento e deu aos participantes um sentido de esperança em relação a seu futuro como comunidade, algo que extrapolou aquele caso em particular.

O diálogo do Círculo também fez aflorarem importantes perspectivas que em geral não são explicitadas. O pai e o irmão mais velho do jovem infrator falaram de modo eloquente contra as armas de fogo. O irmão mais velho foi bastante enfático ao falar sobre a grande dificuldade de crescer na condição de jovem negro do sexo masculino. Um dos resultados significativos dos Processos Circulares é esse, o de emprestar voz a tais perspectivas e possibilitar a conscientização da comunidade e do sistema.

ORGANIZANDO UM CÍRCULO DE DIÁLOGO

Sentar-se em círculo é uma maneira ótima para aprender mais sobre o processo. Se não temos acesso a Círculos já em funcionamento, organizar um Círculo de Diálogo seria um excelente ponto de partida. É preciso treinamento e trabalho pessoal de cura para tornar-se facilitador de um Círculo que irá tratar de conflitos interpessoais, traumas, decisões grupais difíceis ou situações de grande intensidade emocional. Mas para facilitar um Círculo de Diálogo não é necessário qualquer treinamento formal.

Os Círculos de Diálogo não buscam levar o grupo a um consenso ou sanar rupturas graves nos relacionamentos. Simplesmente permitem que todos falem sobre determinado assunto a partir de sua perspectiva. A partilha de pontos de vista diferentes aumenta a compreensão sobre a questão e pode melhorar os relacionamentos, mas o Círculo de Diálogo não procura trabalhar em profundidade esses relacionamentos.

OS CÍRCULOS DE DIÁLOGO PODEM SER USADOS PARA:

- Contato mútuo dentro de um processo grupal em andamento (classe, equipe de funcionários, organização da sociedade civil, comitê, conselho, grupo de trabalho);
- Reflexão sobre uma experiência grupal, como um filme, vídeo, aula ou livro;
- Dar retorno a um líder ou facilitador em relação a um processo grupal;
- Oferecer subsídios para tomadores de decisões;
- Dialogar sobre questões comunitárias ou sociais, como por exemplo, racismo;
- Explorar os diferentes significados de uma experiência ou evento para as pessoas envolvidas;
- Partilhar perspectivas entre pessoas de diferentes gerações;
- Comparar pontos de vista divergentes quanto a questões emocionalmente carregadas, como casamento de homossexuais ou aborto.

Em seguida descreverei como organizar um Círculo de Diálogo em torno de uma preocupação da comunidade. Essa comunidade pode ser o local de trabalho, a escola, a igreja, ou a vizinhança.

Comece escolhendo um assunto para o trabalho do Círculo. Ele precisa ser algo de grande interesse para você, que é o organizador. Estruture um enunciado de intenções para o Círculo de Diálogo: Qual é o propósito do Círculo? A seguir, trabalhe os quatro estágios do Processo Circular, como segue:

1º ESTÁGIO: ADEQUAÇÃO

Respondendo às seguintes perguntas verifique se o Processo Circular de Diálogo é adequado para o propósito identificado:

- Há pessoas dispostas a participar – o assunto interessa a alguém? Em caso negativo, um Círculo **não** é apropriado;
- Eu (organizador) tenho esperanças de convencer os outros de um ponto de vista em particular ou pretendo mudar os outros? Se a resposta for sim, o Círculo **não** é um formato adequado;
- Estou aberto a escutar e respeitar perspectivas muito diferentes das minhas? Em caso negativo, então o Círculo **não** é adequado;
- O propósito respeita todos os possíveis participantes? Em caso negativo, o Círculo **não** é cabível.

2º ESTÁGIO: PREPARAÇÃO

Depois de verificar que o Círculo de Diálogo é um fórum adequado para o assunto que se pretende focalizar, comece os preparativos:

- Identifique os possíveis participantes, esforçando-se para incluir pessoas com pontos de vista diferentes. O benefício potencial do Círculo fica muito reduzido se todos os participantes já partilharem a mesma perspectiva sobre o assunto. O conjunto de participantes pode ser um grupo já formado;
- Estabeleça quem será o guardião (facilitador) do Círculo. Se você pretende ser o guardião, convide alguém que lhe ofereça apoio na tarefa de manter o espaço seguro para o diálogo respeitoso;
- Escolha um horário e local para o Círculo de Diálogo, tendo em mente a importância de um ambiente cálido, hospitaleiro e acessível. Verifique se o local comporta as cadeiras necessárias dispostas em círculo, sem que outros móveis fiquem no centro;
- Faça o convite aos possíveis participantes explicando o assunto, o propósito do Círculo, e a natureza do processo;

- Escolha um bastão de fala que tenha significado para o grupo e que estimule a fala e a escuta respeitosas;
- Planeje uma cerimônia de abertura para dar o tom do espaço relacional desse Círculo (por exemplo, uma leitura, respiração profunda, música). Ao conceber essa cerimônia e a peça central (explicada abaixo), tenha certeza de que não está escolhendo algo que possa ser mal interpretado ou ofensivo aos olhos de algum dos participantes;
- Decida se quer criar uma peça central, como uma toalha com uma vela ou flores, ou outros objetos que tenham significado evocativo para o grupo, ou se relacionem com o assunto a ser conversado;
- Decida se haverá partilha de alimentos (algo que pode acontecer no início ou final do Círculo) e tome as providências necessárias;
- Esboce perguntas para ajudar os participantes a se conhecerem melhor e abordarem o assunto do diálogo;
- Passe algum tempo meditando ou refletindo sobre suas intenções e a importância de entrar no Círculo com uma atitude aberta e de aceitação de todos.

3º ESTÁGIO: ENCONTRO

Com todos os preparativos em dia, chegue ao local mais cedo. Verifique a arrumação do espaço físico. Disponha a peça central, se houver. Respire profundamente e silencie as distrações na sua mente. Então siga os passos para reunir o Círculo:

- Cumprimente os participantes à medida que eles cheguem;
- Quando todos tiverem chegado e for hora de começar, convide as pessoas a se sentarem;
- Dê as boas-vindas a todos e agradeça por suas presenças;
- Conduza a cerimônia de abertura;

- Novamente exponha o motivo do Círculo de Diálogo e seu propósito;
- Apresente o bastão de fala e explique como funciona. Esclareça que ele passará por todo o Círculo, dando a todos a oportunidade de falar. Somente a pessoa segurando o bastão de fala pode falar. A única exceção é feita ao guardião (facilitador), que poderá falar sem o bastão de fala caso seja necessário para o saudável funcionamento do Círculo. Dê ênfase ao fato de que qualquer um poderá decidir não falar, passando o bastão adiante ou segurando-o em silêncio;
- Desenvolva orientações. Descreva a importância do Círculo como um espaço onde as pessoas podem falar a sua verdade. Peça a cada um que identifique promessas que gostariam que os outros participantes cumprissem, para que o Círculo seja de fato um espaço onde se possa dizer a verdade. Então, o bastão de fala irá passando, pela ordem, por todo o Círculo para que cada um fale o que espera do grupo. Registre numa lousa ou cartaz essas sugestões, que orientarão o trabalho. No final da primeira rodada, leia a lista para o grupo. Pergunte se estão dispostos a respeitar estas orientações. Passe o bastão de fala de novo para ouvir suas respostas individuais. Se não houver consenso, veja o que pode ser modificado para que todos aceitem as orientações;
- Se houver limitações de tempo para o Círculo, explique quais são e peça aos participantes que as levem em consideração, procurando contribuir para que todos tenham oportunidade adequada de falar;
- Usando o bastão de fala, inicie uma rodada de apresentações, mesmo que os participantes se conheçam. Faça uma pergunta para que os participantes respondam depois de terem-se apresentado. Esta pergunta serve para ajudar os participantes a se conhecerem melhor antes de abordar o tópico a ser

discutido. Você pode perguntar de que modo estão ligados ao organizador, que experiências de vida os levaram a se interessarem pelo tópico em discussão, ou qual sua experiência prévia com diálogos sobre questões difíceis ou controversas. Uma das finalidades dessa pergunta é ajudar os participantes a identificarem características em comum, embora tenham pontos de vista diversos sobre o assunto. O facilitador fala primeiro, servindo como exemplo quanto ao tipo de partilha que se espera dos participantes;

- Comece o diálogo sobre o tópico escolhido com uma pergunta que leve os participantes a expressarem seus pensamentos e sentimentos sobre a questão. Coloque a questão para o grupo e passe o bastão para que todos respondam. Nessa rodada, em geral, é melhor que o facilitador fale por último;
- Faça uma nova rodada para que as pessoas tenham a oportunidade de reagir ao que ouviram dos outros na volta anterior.
- Se as pessoas começarem a interromper, falar sem o bastão, ou ser desrespeitosas, suspenda o diálogo sobre o assunto em questão e reveja as orientações, perguntando aos participantes se podem assumir o compromisso de segui-las ou se é necessário fazer modificações;
- Cerca de 15 minutos antes do tempo previsto para o final do Círculo, inicie uma nova rodada perguntando aos participantes sobre seus sentimentos em relação à experiência do Círculo, ou para que façam qualquer comentário de finalização;
- Faça um fechamento resumindo a experiência a partir de sua perspectiva, relacionando tudo ao propósito inicial, identificando o que você aprendeu e dando o devido reconhecimento ao grupo por criar e manter um espaço respeitoso. Agradeça a todos por participarem e manterem seu compromisso com um processo respeitoso;

- Conduza uma cerimônia de encerramento para marcar o fim do processo. Ela deve lembrar a todos de sua interconexão e enfatizar seu potencial construtivo (uma leitura, uma música, um reflexão silenciosa).

4º ESTÁGIO: ACOMPANHAMENTO

O acompanhamento é vital para muitos tipos de Círculo, mas um Círculo de Diálogo em geral não requer acompanhamento, salvo no caso de o grupo decidir continuar seu diálogo ou tomar outras medidas. Como guardião, talvez seja interessante ouvir dos participantes o que eles acham que funcionou ou não no processo. É sempre importante para o facilitador refletir sobre seu papel pessoal e trocar ideias a respeito com a pessoa que foi escolhida para partilhar ou dar apoio à facilitação.

As etapas acima são um guia geral. Círculos não são processos rígidos, mas certos elementos, como as cerimônias de abertura e fechamento, o uso do bastão de fala e a criação de orientações são de fato essenciais. Com pequenas modificações, os mesmos passos podem ser usados para outros tipos de Círculo. Por exemplo, o estágio preparatório para organizar um Círculo de troca de informações de trabalho ou um Círculo para refletir sobre uma experiência partilhada (por exemplo, numa sala de aula) é mais simples porque o assunto, os participantes e a data e hora do Círculo em geral são conhecidos.

9

Estudo de Caso

BUSCANDO RESPEITO ENTRE GERAÇÕES[14]

Na cidade de Milwaukee duas organizações de bairro se interessaram por justiça restaurativa e começaram a dialogar com David, um promotor de justiça da cidade, muito ativo no desenvolvimento da Justiça Restaurativa na região. Elas organizaram uma breve sessão informativa sobre Círculos e mantiveram o contato durante algum tempo, procurando modos de usar a abordagem restaurativa para quebrar o isolamento vivido por muitos jovens e idosos. O isolamento gera medo e desconfiança, diminuindo a qualidade de vida, especialmente para os mais velhos.

Bárbara e Jeanne, as organizadoras, decidiram articular um Círculo de Diálogo que reunisse jovens e idosos para avaliar o nível de interesse na utilização futura de Círculos de Construção de Paz que trabalhassem as questões de isolamento e segurança pessoal para idosos e jovens. Elas queriam saber se havia interesse suficiente que justificasse investir em treinamento para conduzir tais Círculos de Construção de Paz.

Ao prepararem o processo, identificaram os idosos que seriam convidados. Escolheram aqueles que haviam expressado medo e desejo de um melhor relacionamento com os jovens. Estabeleceram uma parceria com o Clube de Jovens da região e identificaram um grupo de adolescentes com liderança dentro do Clube, que foi convidado para o Círculo.

Os convites seguiram para 22 idosos e 10 jovens. A composição do bairro havia mudado drasticamente nos últimos anos. Os mais velhos eram na sua maioria brancos e os jovens uma mistura de afro-americanos, hispânicos e brancos. As organizadoras pediram a David, o promotor de justiça, que fosse o facilitador, já que ele tinha experiência com o processo. Foi escolhido o local (uma sala no Clube de Jovens) e o horário (das 15h30 às 17 horas) e providenciado um lanche. Elas distribuíram os convites e planejaram a cerimônia de abertura, que envolvia a confecção de máscaras para a terça-feira gorda.

O facilitador, David, escolheu a peça central e o bastão de fala e, consultando as organizadoras, idealizou as perguntas a serem feitas.

As organizadoras chegaram cedo para arrumar a mesa com os alimentos e os materiais para a confecção das máscaras de carnaval. David arrumou o círculo de cadeiras e a peça central: um entalhe em madeira com duas figuras entrelaçadas. Também reservou um tempo para buscar centramento e foco através da respiração profunda.

Quando as pessoas foram chegando, receberam saudações calorosas e um convite para confeccionar máscaras para a terça-feira gorda com os materiais artísticos disponíveis. 12 idosos e 10 jovens compareceram.

Quando o grupo sentou-se no círculo de cadeiras, as organizadoras iniciaram com uma explicação sobre o significado da terça-feira gorda e das máscaras. David apresentou o bastão de fala: uma pena adornada com contas, presente dos colegas de treinamento em Processos Circulares. Ele descreveu como utilizar o bastão, enfatizando a importância de falar e ouvir com respeito.

Valendo-se do bastão, David então convidou os participantes a falarem seus nomes e contarem há quanto tempo moravam naquele bairro, ou há quanto tempo frequentavam o Clube de Jovens. Uma das participantes relatou que morava ali na mesma casa há 65 anos, e falou bastante sobre sua história na vizinhança.

Na segunda rodada do bastão David convidou as pessoas a partilharem uma história sobre algo que os fazia ter orgulho de morar ali, ou de participar do Clube de Jovens.

A terceira e última rodada do bastão ofereceu aos participantes a oportunidade de partilhar algo que tivessem aprendido naquele dia. Um dos jovens respondeu: "Eu aprendi que os mais velhos podem ser bem legais". Uma senhora refletiu dizendo que não obstante a idade ou a raça, sempre é possível conversar e ouvir para compreender.

No encerramento os participantes ficaram em pé e fizeram as "palmas do pinguim", estendendo os braços para trás e para os lados de modo a entrelaçar as mãos com as pessoas ao lado, batendo a mão contra a dos vizinhos no Círculo. As "palmas do pinguim" sugerem ligação sem impor intimidade – e são bastante divertidas.

No final, duas meninas que muitas vezes pareciam não estar prestando atenção saíram imediatamente ao encontro de duas pessoas mais velhas e começaram a conversar. Elas disseram que gostariam de participar desse Círculo novamente. O motorista que levou os idosos de volta para casa relatou depois que pareciam encantados com a experiência e felizes em ter participado. Esse grupo tenciona continuar o trabalho de aproximação entre jovens e mais velhos.

10

Os Círculos
em Perspectiva

"Isso é terrivelmente contracultural, porque queremos soluções rápidas. Estamos todos famintos de comunidade. É um lugar maravilhoso para ir e dizer algo sabendo que você vai ser ouvido. Esta é uma alternativa a simplesmente dividir as pessoas entre nós e eles."

Participante de um Círculo Comunitário

O EFEITO DE CONSTRUÇÃO DO SENSO COMUNITÁRIO

O ato de contar histórias é vital para a criação de espírito comunitário, vínculos e ações coletivas. A física quântica ensina que não são as partes constitutivas da matéria que a definem, mas sim os relacionamentos entre essas partes.

A tecelagem também oferece uma metáfora útil para a construção do espírito comunitário. Os relacionamentos são como fios no tecido da comunidade, e os valores partilhados pela cultura e pela comunidade são a estrutura, ou tear, que permite tecer os relacionamentos formando uma trama.

Assim como a roca é o instrumento para fiar, o contar uma história é a ferramenta certa para criar relacionamentos. Assim como a navete entrelaça os fios formando a trama, os relacionamentos entrelaçados formam a comunidade.

Uma das mais importantes contribuições do Círculo é o fortalecimento da teia de relacionamentos de um grupo de pessoas. Esse grupo pode ser uma sala de aula, um grupo de vizinhos, um local de trabalho, uma família ou um grupo de fé. As pessoas se sentam, falam sobre valores, partilham histórias pessoais e trabalham os desentendimentos numa atmosfera de respeito e cuidado mútuo. Elas tecem fortes laços de conexão recíproca, que por sua vez aumentam a capacidade daquela comunidade de cuidar de todos os seus membros e encontrar soluções quando surgem os problemas.

Os Círculos oferecem aos membros da comunidade a ocasião de conversar sobre aquilo que esperam uns dos outros e quais compromissos estão dispostos a assumir em termos de padrões de comportamento. No Círculo esses padrões de comportamento podem ser construídos a partir de valores partilhados, e na compreensão plena de como suas escolhas afetarão os outros.

EM QUE O CÍRCULO DIFERE DE OUTROS PROCESSOS SIMILARES?

Existem inúmeros processos que se parecem com o dos Círculos de Construção de Paz e partilham de suas características-chave. Em virtude dessas semelhanças, muitos presumem que são todos a mesma coisa. Os Círculos diferem significativamente desses processos no tocante ao impacto sobre os resultados e relacionamentos.

Círculos e Grupos

Os funcionários de uma instituição correcional para jovens, ao ouvir falar dos Círculos de Construção de Paz, sugeriram que isto era o mesmo que os grupos através dos quais já vinham trabalhando com os jovens. Num treinamento posterior com os menores infratores dessa instituição, foi perguntado se eles achavam que os Círculos eram a mesma coisa que os Grupos. Eles responderam com um enfático "NÃO". Esses internos apontaram questões de poder como a principal diferença.

Nos grupos o facilitador julga e avalia comportamento e nível de participação dos participantes. Esse facilitador do grupo tem expectativas definidas em relação ao que o jovem deve ou não dizer. Em tais circunstâncias, muitas vezes o jovem não se sente numa situação segura em que pode expressar sua verdade. Se uma pessoa do grupo tem poder sobre as outras, e pode usar aquilo que se passou no grupo para avaliar, sem o consenso do grupo, então não se trata de um Círculo de Construção de Paz. Os jovens tinham perfeita consciência de que no Grupo eles não eram todos iguais, condição que constitui pré-requisito central dos Círculos.

> " – O que vocês fizeram aqui? perguntou uma mulher, notando que o ambiente no prédio mudara. – Aqui sempre tinha uma criançada à toa por todo lado, fazendo um barulhão, e eles nunca ajudavam a abrir a porta quando eu chegava carregada de sacolas. Agora está tudo mais sossegado, e quando eles estão por perto correm para me abrir a porta."
> A pessoa a quem foi dirigida essa pergunta tinha liderado vários Círculos com as crianças da vizinhança e isto aparentemente mudara o ambiente.[15]

Círculos e Terapia

Num Círculo de Construção de Paz a experiência clínica ou profissional não é o recurso fundamental para se chegar à compreensão ou entendimento da questão. As histórias contadas pelos participantes, suas próprias narrativas e autorreflexões são a chave para o entendimento.

Além disso, diferente da maioria das terapias, o facilitador do Círculo é um participante e pode partilhar suas experiências de vida quando estas forem relevantes ao diálogo do Círculo. Um terapeuta pode participar do Círculo e partilhar conhecimentos clínicos que integrarão as informações que o Círculo levará em consideração; mas esse terapeuta não será responsável pelo gerenciamento da dinâmica do Círculo, como aconteceria numa situação terapêutica normal. O facilitador do Círculo não dirige ou gerencia o trabalho do grupo. Num Círculo os participantes são responsáveis não apenas por seu próprio comportamento, mas também corresponsáveis pela qualidade do espaço grupal como um todo.

Círculos e Rodas de Classe

Muitos livros pedagógicos e programas para desenvolvimento de habilidades sociais, principalmente do ensino fundamental e médio, estimulam a realização de rodas de classe. Essas rodas são um momento em que os alunos aprendem e praticam habilidades sociais como: fazer e receber elogios, escuta, empatia, solução de problemas, resolução de conflitos, detecção e gerenciamento da raiva e expressão de sentimentos.

Tais habilidades são ensinadas através de jogos e atividades, muitas vezes enquanto os alunos estão sentados em círculo. Mas elementos-chave do Círculo muitas vezes estão ausentes dessas atividades: o uso do bastão de fala, a permissão de não falar e a clara expectativa de que o bastão passará por toda a roda em ordem sequencial.

DESAFIOS

O Processo em Círculo se baseia num conceito simples: Pelo fato de todos desejarem ter um bom relacionamento com os outros, quando se cria um espaço respeitoso e reflexivo, as pessoas conseguem encontrar um terreno em comum, vencendo a raiva, a dor e o medo, por fim chegando a uma condição em que o cuidado mútuo é natural. A prática, entretanto, não se mostra tão simples quanto parece o conceito.

Nossa cultura estimula de muitas maneiras a separação, a demonização daqueles que discordam, a competição, a hierarquia e a dependência de especialistas para resolver problemas. Essas tendências atuantes em nossa vida coletiva possuem uma inércia poderosa, que vai na direção oposta àquela dos Círculos.

Os Círculos têm levantado questões difíceis no tocante a significado e comprometimento pessoal no contexto da vida comunitária: Qual o papel da espiritualidade num processo público? Como respeitar as expressões espirituais uns dos outros? Que símbolos são significativos numa cultura diversificada? Como um símbolo é investido de significado, e como mantemos seu frescor e vibração? Qual a responsabilidade do indivíduo em relação ao todo? Quais são nossos pressupostos básicos acerca da natureza humana? O que se requer de nós no momento de "falar a partir do coração"? É possível se abrir quando estamos machucados? É possível viver tais valores?

Vários grupos circulares evidenciam lutas que são comuns. É muito desafiador passar do papel de dar conselhos e respostas à prática da partilha de histórias pessoais e à colocação de perguntas legítimas (aquelas para as quais você **não** tem resposta ainda). Muitos Círculos lutam para chegar àquele tom

> Os Círculos têm levantado questões difíceis sobre significado e comprometimento pessoal no contexto da vida comunitária.

que reconhece sermos todos partes inseparáveis de uma mesma totalidade.

Muitos Círculos se debatem também com o relacionamento entre os membros leigos e profissionais do sistema que participam desses mesmos Círculos. Os novos papéis desses profissionais não estão claros. Pedimos a eles que deixem seus títulos universitários fora da sala, mas isto não é tão simples como parece. Os profissionais detêm informações úteis ao Círculo e responsabilidades que não desaparecem enquanto estão participando do Círculo.

A interface entre o Processo do Círculo e as instituições sociais é muito sensível. O Círculo busca a verdade e tem por objetivo criar um espaço onde os participantes se sentem seguros para falar sua verdade sabendo que, embora devam assumir responsabilidade por suas ações, não serão desrespeitados ou deliberadamente prejudicados. Se a informação que vem à tona durante um Círculo levar a uma ação judicial, as consequências poderão trair o compromisso assumido no Círculo de respeitar a dignidade e a voz de cada pessoa.

A obrigação de fazer relatórios, vigente em certos departamentos governamentais, cria um dilema – não porque a informação deva ser mantida em segredo, mas porque ela precisa ser revelada numa atmosfera que garanta tratamento respeitoso, mesmo para aqueles que cometeram erros. Mas o Círculo não pode garantir um tratamento respeitoso e benéfico se a informação for consignada num relatório destinado a um sistema adversarial.

Questões de confidencialidade são muito espinhosas na prática. Para resolver problemas, é de vital importância chegar à verdade. Mas a responsabilidade é enorme quando se busca garantir que o ato de falar a verdade não prejudicará as pessoas naquilo que lhes é essencial.

Nos Círculos as decisões são formadas por consenso. Por isso, é possível que uma pessoa que não quer seguir a maioria se sinta pressionada, mesmo que nada seja mencionado. Pessoas que nunca tiveram voz ou poder na vida poderão presumir que é melhor seguir o que os outros pensam, concordem ou não. É preciso um esforço constante e consistente para deixar claro aos participantes que sua verdade e sua perspectiva são bem-vindas, mesmo se isso significar que o processo será prolongado pela falta de consenso.

Para os defensores dos Círculos é difícil deixar de julgar pessoas que impõem barreiras aos Círculos ou que trabalham no sentido contrário da visão do Círculo. Este exige de nós que nos mantenhamos abertos a todos e honremos a dignidade inerente de cada pessoa – mesmo que essa pessoa não esteja respeitando a dignidade inerente de outrem ou os valores que são tão caros aos Círculos. O poder dessa perspectiva às vezes evoca uma paixão que diminui a capacidade de ouvir de modo profundo as vozes discordantes.

Mesmo quando o Círculo não chega ao livre curso do coração e do espírito humanos, em geral produz um resultado poderoso. Várias semanas após um processo penal bastante criticado, o juiz fez a seguinte reflexão: "Houve falhas. As coisas não funcionaram perfeitamente. Mas sentado aqui e pensando no que aconteceu, me parece que tudo funcionou tão bem como qualquer julgamento criminal".

11

Estudo de Caso

ENCONTRANDO CONEXÃO DENTRO DA FAMÍLIA

Nas festas do final do ano meus sobrinhos e sobrinhas, que em geral trocam presentes, decidiram doar o dinheiro dos presentes a uma obra social – um passo fenomenal em se tratando de um bando de adolescentes. Eles acabaram arrecadando cem dólares, que doaram a uma instituição que cuida de mulheres e crianças vítimas de violência doméstica. Não esperavam receber presentes durante as festas. O fato de estarmos todos juntos era o que importava.

Nos reunimos para celebrar na véspera do Ano Novo, como sempre: quatro de meus irmãos, minhas duas irmãs e todos os filhos, num total de 22 pessoas. Depois de presentear minha mãe com um teclado, alguns presentes acabaram aparecendo. Caixas de doces vindos de um, cestas ou livros vindos de outro. Todos os homens ganharam trenas do marceneiro da família. Como a combinação era de não dar presentes, eu respeitei o compromisso. Sentei ali observando aqueles que não conseguiam abrir mão do hábito e, num lampejo, decidi também oferecer algo de minha parte.

Quando a vovó terminou de tocar uma música no novo teclado, pedi a todos que se sentassem para receber o meu presente. Já estávamos mais ou menos em círculo, de modo que o espaço físico estava pronto. Partilhei com meus irmãos, irmãs, mãe e todos os nossos filhos uma coisa que os funcionários da Instituição Correcional de Minnesota em Moose Lake procuram fazer no contexto de sua iniciativa de resolução de conflitos: melhorar a comunicação, construir relacionamentos e mudar a cultura.

Expliquei o Círculo e seu propósito e pedi permissão para partilhar esse *dom de comunicação*. Não sem timidez, eles concordaram. Escolhi como bastão de fala uma cesta que eu acabara de ganhar e sugeri que quando olhassem para aquela cesta em casa, se lembrassem de tudo que partilharíamos no Círculo e naquele feriado.

Minha pergunta para a família foi: "O que tocou você no ano que passou?" e "Qual a sua expectativa para o ano que entra?". Eu mesma fiquei surpresa com a honestidade das emoções e a profundidade a que chegaram. Uma morte na família, a solidão na faculdade, entusiasmo com uma bolsa de estudos, a perda de um emprego, o serviço militar no Iraque, gratidão por uma promoção, e muitas outras memórias do ano passado foram divididas com a família. As esperanças para o futuro incluíam estar mais tempo com a família, férias com os primos, e ter os entes queridos de volta da guerra.

Encerrei o Círculo de modo relutante depois de três voltas do bastão, mas o assunto continuou sendo conversado ao longo da noite. Meus familiares, emocionados, me agradeceram por esse "presente". Eles querem repetir tudo no ano que vem.

Manter o contato e a comunicação – sobre o bom e o ruim – é algo importante para todos nós em qualquer emprego, mas é especialmente vital na família.

CONCLUSÃO

"Os Círculos levam as coisas difíceis e trazem à tona a beleza."

PARTICIPANTE DE CÍRCULO

Ofereço esta obra reconhecendo que ela descreve minha própria compreensão do Círculo. Embora muitos mentores maravilhosos tenham modelado minha visão, qualquer ponto de vista individual é limitado, porque se trata da visão de um ponto ao longo do aro do Círculo. Só posso conhecer a minha verdade. Não é possível conhecer a verdade do outro.

Sou profundamente grata aos professores que trouxeram o Círculo para minha vida e pelas centenas de pessoas que partilharam comigo, no Círculo, suas histórias profundas de luta pessoal. No Círculo, através da história dos outros, e partilhando as minhas próprias, aprendi muito sobre quem sou e encontrei meu lugar na comunidade. Graças à natureza maravilhosamente paradoxal do Círculo, ao encontrar meu lugar, achei também maior humildade – uma consciência maior das limitações da minha posição.

Os Círculos de Paz oferecem um modo de reunir as pessoas para conversas difíceis e para trabalhar e vencer conflitos e dificuldades. O Processo do Círculo é uma maneira de formar o quadro mais abrangente possível sobre nós mesmos, o outro, e as questões em pauta, possibilitando que todos caminhem juntos de modo benéfico. Os Círculos têm por fundamento um pressuposto de potencial positivo: algo de bom sempre pode surgir de qualquer situação. Outro pressuposto do Círculo é que ninguém detém o quadro total, e que apenas através da partilha de nossas perspectivas poderemos chegar mais perto de uma imagem completa. Dividir com os outros a sabedoria e perspectiva pessoais é algo que cria sabedoria coletiva, algo muito maior que a soma das partes.

Acredito que o Círculo é um caminho que reúne a sabedoria ancestral da vida comunitária com os conhecimentos modernos sobre dons individuais e o valor da discordância e das diferenças. No Círculo respeitamos cada indivíduo *e também* o coletivo. No Círculo sondamos fundo dentro de nós mesmos *e também* saímos ao encontro da ligação com o espírito coletivo do Círculo.

As modernas sociedades ocidentais lutam com a falta de conexão e com a dificuldade de reconhecer as inter-relações. Por outro lado, muitas sociedades altamente gregárias batalham para dar espaço a vozes e perspectivas diferentes das do grupo. Na nossa sociedade maravilhosamente complexa e multicultural essas duas visões de mundo convivem lado a lado e desfrutam da oportunidade de aprender diretamente uma com a outra. O Círculo é um cadinho que propicia tal aprendizado. Nele é possível estabelecer um equilíbrio saudável entre necessidades individuais e grupais.

Acredito que o Círculo é também um caminho para curar traumas da sociedade. A vergonha e o medo de perder amor e respeito são barreiras enormes quando se trata de encarar o mal que causamos.

Quando sociedades inteiras ou grupos de pessoas precisam reconhecer o mal cometido, é ainda mais difícil. No Círculo reconhecemos nossos erros e, ao mesmo tempo, mostramos compaixão para conosco e para com os outros.

Jamais estamos sozinhos no Círculo. A compaixão e ligação que sentimos em relação aos outros criam um ambiente no qual é possível encarar a realidade dolorosa do nosso impacto sobre os outros. Esse reconhecimento viabiliza a nossa cura e a daqueles que foram prejudicados.

Em termos de conhecer as maneiras como o Círculo pode mudar o conteúdo e significado de nossas vidas, estamos ainda engatinhando. As únicas limitações são a nossa imaginação, a vontade de entrar num relacionamento respeitoso e amoroso com todos os elementos da criação e a capacidade de permitir que o padrão do Círculo surja, livre de nossas tentativas de gerenciamento e controle.

Minha visão do Círculo está em contínuo desenvolvimento. Neste livro não partilho minhas ideias como verdades absolutas, mas como parte de um diálogo contínuo e uma jornada de aprendizado. E sou grata ao interesse e dons que outros aportam para esta exploração da capacidade humana de conexão e reflexão.

O Mesmo

Esse é um tempo em que o
Fazer
se apartou do
Saber.
E o Ser é quase nada.
Mas aqui e ali
Desse lado do horizonte,
As pessoas se encontram em círculos sagrados
Para formar comunidades
E falar a partir de seus corações
Que buscam o mesmo.[16]
Meir Carasso

ANEXO 1

O PROCESSO DO CÍRCULO NAS ESCOLAS
Dra. Cynthia Zwicky, Escolas Públicas de Mineápolis

Círculos e escolas são uma combinação natural e o Círculo incorporou-se ao tecido das escolas públicas de Mineápolis de muitas maneiras.

Círculos para Resolução de Conflitos
Nas escolas, o aprender e o ensinar acontecem de modo natural. Às vezes através de aulas planejadas e dadas por um professor, mas outras vezes pelas palavras ou ações de um colega. As escolas são também locais onde os conflitos acontecem diariamente. Portanto, oferecem o espaço perfeito para ensinar e aprender sobre resolução de conflitos – e o Círculo é uma ferramenta essencial nesse aprendizado.

Numa classe de terceiro ano, a professora vinha usando o Círculo para várias finalidades. Os alunos conheciam bem o Processo Circular. Nessa classe estudava um grupo de meninas com dificuldade para seguir as regras e se manter longe de encrencas que se reuniam todos os dias durante o recreio para fazer um Círculo de apoio mútuo e renovação do propósito de seguir o bom caminho. Elas estabeleciam metas para si mesmas e usavam o tempo no Círculo para verificar seu progresso pessoal.

Pelo próprio formato, o Círculo é inclusivo e igualitário. Por isso, se torna um espaço onde qualquer participante pode ajudar a encontrar soluções. Um exemplo é o de uma classe formada por crianças de seis a nove anos de idade. Durante o recreio um menino derrubou uma colega e deitou-se em cima dela. A menina ficou abalada e os amigos que estavam no pátio vieram para reconfortá-la.

Naquela tarde, durante o Círculo da classe, ela agradeceu a seus amigos por terem ajudado numa hora em que estava assustada. Curioso, um outro aluno perguntou por que ela se assustara. A menina então contou o que tinha acontecido. A professora confessou a todos que não sabia como reagir, e abriu a questão para a reação do grupo. Ao longo do processo, o grupo foi encontrando a solução. Um dos alunos dirigiu-se ao menino, perguntando por que ele tinha feito aquilo. O menino confessou baixinho que era porque gostava dela. E os colegas sugeriram: "Então por que você não faz alguma coisa legal para ela gostar de você também?".

A professora soube então que ela mesma jamais teria chegado a essa solução. Foi o poder do Círculo e a responsabilidade coletiva que resolveram o problema.

CÍRCULOS DE CONSTRUÇÃO DO SENSO COMUNITÁRIO

No início do ano letivo cada professor recebe a lista de nomes de sua nova classe e fica na expectativa da chegada dos alunos. No início do ano, o Círculo é utilizado para construir um senso de comunidade. O desenvolvimento de uma comunidade dos integrantes da classe cria as bases para a resolução de conflitos.

O estar em comunidade é algo que se **aprende** – e que em geral não surge simplesmente do fato de estarmos no mesmo lugar, na mesma hora. Alunos que se beneficiaram do uso do Círculo diário em suas classes notaram a diferença comparando com os anos anteriores. "Nesse ano eu sei o nome de todo mundo da minha classe, e no ano passado não", disse um aluno do sexto ano. O Círculo confere a todos a oportunidade de falar e ser ouvido. Desse modo, temos a garantia de que ninguém fica de fora.

Entre os adultos é igualmente importante fazer esse trabalho, algo de que muitas vezes nos esquecemos. Um relacionamento de confiança entre os professores é fator relevante para os resultados acadêmicos dos alunos. Em uma das escolas de nossa cidade, foram os professores os primeiros a se sentarem em Círculo no início do ano letivo, para depois repetirem o processo na classe com seus alunos.

Como seus alunos, eles também observaram imediatamente os efeitos positivos. Um deles comentou: "Temos trabalhado juntos há quatro anos e eu nunca soube que o seu filho frequentava a mesma escola que a minha filha!". Ao aprenderem em primeira mão quão benéfico o Círculo pode ser para a construção de um senso comunitário, os professores receberam um forte incentivo para começar a aplicar esta metodologia em suas classes.

CÍRCULOS COMO PARTE DO CURRÍCULO

Os professores também têm usado o Círculo como espaço pedagógico. Na aula de Estudos Sociais do sétimo ano o professor fez com que os alunos discutissem suas impressões sobre o filme *Raízes* (que trata da escravidão nos Estados Unidos) dentro do Círculo, ao invés de responderem um questionário escrito. Esse fórum interativo ofereceu aos alunos a oportunidade de se aprofundarem mais no significado de seus sentimentos pessoais em torno de um assunto difícil e complexo.

Pelo fato de o Círculo ser um lugar onde a pessoa individual é valorizada, torna-se um espaço seguro para aprender e discutir sobre opiniões sinceras, que vêm do coração. Isto beneficia os professores porque dessa forma é possível ouvir a voz de cada aluno, algo que nem sempre se consegue durante uma discussão com a classe toda.

O Círculo também pode atuar no reforço do currículo existente. Muitas habilidades sociais e programas que visam combater a violência estimulam os alunos a falarem quando estão sendo ridicularizados ou provocados pelos colegas. Ensinar estas estratégias no contexto do Círculo poderá constituir um fórum ideal para expor queixas dessa natureza. Diante da metodologia estabelecida para o Círculo na classe, os alunos estão mais propensos a experimentar a nova estratégia e aqueles modos de lidar com o problema que muitos currículos procuram desenvolver.

O Círculo pode ser também um espaço onde os alunos aprendem mutuamente com os desafios e conquistas dos outros. Um aluno do ensino médio que participou dos Círculos relata: "Gostei [de usar o Círculo] porque se alguém está tendo o mesmo problema que eu, posso escutar e saber como ele resolveu".

CONCLUSÃO

As aplicações para o Círculo no contexto escolar são infinitas e de modo nenhum se limitam àquelas descritas aqui. Na tarefa de preparar as futuras gerações para o mundo, o Círculo se torna uma ferramenta essencial para transmitir conhecimento, criar um fórum de diálogo reflexivo e estimular o uso de soluções criativas e pacíficas para os conflitos. As possibilidades são intermináveis.

Notas

1. "Alice Walker é escritora, poéta e ativista feminista norte-americana, escreveu o romance premiado "A cor púrpura""

2. Para mais informações sobre os Círculos, veja Pranis, Stuart, e Wedge na bibliografia sugerida.

3. Para mais sobre Justiça Restaurativa, veja Zehr, Howard.

4. Relatório da Secretaria de Educação de Minnesota sobre Comportamento Intraescolar [Report on In-School Behavior Intervention Grants, MN Department of Education]: http://education.state.mn.us/MDE/dse/safe/clim/prac/

5. Matt Johnson escreveu esta descrição de um Processo Circular do qual foi facilitador junto de Paula Schaefer enquanto trabalhava para a AMICUS, uma organização sem fins lucrativos que trabalha com prisioneiros e pessoas em liberdade condicional em Mineápolis, MN.

6. Veja Pranis, Stuart e Wedge.

7. San Francisco; Berrett-Koehler Publishers, 1992.

8. *Ibid.*, p. 6, 8-9.

9. *Ibid.*, p. 9-10

10. Relatório da Secretaria de Educação de Minnesota sobre Comportamento Intraescolar [Report on In-School Behavior Intervention Grants, MN Department of Education]: http://education.state.mn.us/MDE/dse/safe/clim/prac/

11. A técnica de como monitorar ao invés de impor é uma habilidade sutil que exige treinamento e explicação mais extensa do que é possível oferecer no escopo deste livro.

12. História contada pela autora.

13. *Ibid.*

14. *Ibid.*

15. *Ibid.*

16. Por Cindy Zetah, "The Gift of Circle" CRI Newsletter (Fevereiro de 2004), p. 3.

Texto composto na fonte Versailles LT Std. Impresso em papel Avena 80g pela gráfica PAYM.